TORRES DE CONTROLE
A CHAVE PARA DESBLOQUEAR O POTENCIAL
DA CADEIA DE SUPRIMENTOS 4.0

Editora Appris Ltda.
1.ª Edição - Copyright© 2025 dos autores
Direitos de Edição Reservados à Editora Appris Ltda.

Nenhuma parte desta obra poderá ser utilizada indevidamente, sem estar de acordo com a Lei nº 9.610/98. Se incorreções forem encontradas, serão de exclusiva responsabilidade de seus organizadores. Foi realizado o Depósito Legal na Fundação Biblioteca Nacional, de acordo com as Leis nos 10.994, de 14/12/2004, e 12.192, de 14/01/2010.

Catalogação na Fonte
Elaborado por: Josefina A. S. Guedes
Bibliotecária CRB 9/870

R786t
2025
	Roque Júnior, Luiz Carlos
	   Torres de controle: a chave para desbloquear o potencial da cadeia de suprimentos 4.0 / Luiz Carlos Roque Júnior. – 1. ed. – Curitiba: Appris, 2025.
	   143p. ; 21 cm. – (Ciências sociais. Seção administração).
	
	   Inclui referências.
	   ISBN 978-65-250-7411-5
	
	   1. Logística empresarial. 2. Controle de estoque. 3. Visibilidade. I. Título. II. Série.
	
	                                                 CDD – 658.78

Livro de acordo com a normalização técnica da ABNT

Appris
editorial

Editora e Livraria Appris Ltda.
Av. Manoel Ribas, 2265 – Mercês
Curitiba/PR – CEP: 80810-002
Tel. (41) 3156 - 4731
www.editoraappris.com.br

Printed in Brazil
Impresso no Brasil

Luiz Carlos Roque Júnior

TORRES DE CONTROLE
A CHAVE PARA DESBLOQUEAR O POTENCIAL
DA CADEIA DE SUPRIMENTOS 4.0

Appris editora

Curitiba, PR
2025

FICHA TÉCNICA

EDITORIAL
Augusto Coelho
Sara C. de Andrade Coelho

COMITÊ EDITORIAL
Ana El Achkar (Universo/RJ)
Andréa Barbosa Gouveia (UFPR)
Antonio Evangelista de Souza Netto (PUC-SP)
Belinda Cunha (UFPB)
Délton Winter de Carvalho (FMP)
Edson da Silva (UFVJM)
Eliete Correia dos Santos (UEPB)
Erineu Foerste (Ufes)
Fabiano Santos (UERJ-IESP)
Francinete Fernandes de Sousa (UEPB)
Francisco Carlos Duarte (PUCPR)
Francisco de Assis (Fiam-Faam-SP-Brasil)
Gláucia Figueiredo (UNIPAMPA/ UDELAR)
Jacques de Lima Ferreira (UNOESC)
Jean Carlos Gonçalves (UFPR)
José Wálter Nunes (UnB)
Junia de Vilhena (PUC-RIO)
Lucas Mesquita (UNILA)
Márcia Gonçalves (Unitau)
Maria Aparecida Barbosa (USP)
Maria Margarida de Andrade (Umack)
Marilda A. Behrens (PUCPR)
Marília Andrade Torales Campos (UFPR)
Marli Caetano
Patrícia L. Torres (PUCPR)
Paula Costa Mosca Macedo (UNIFESP)
Ramon Blanco (UNILA)
Roberta Ecleide Kelly (NEPE)
Roque Ismael da Costa Güllich (UFFS)
Sergio Gomes (UFRJ)
Tiago Gagliano Pinto Alberto (PUCPR)
Toni Reis (UP)
Valdomiro de Oliveira (UFPR)

SUPERVISORA EDITORIAL Renata C. Lopes
PRODUÇÃO EDITORIAL Sabrina Costa
REVISÃO Ana Lúcia Wehr
DIAGRAMAÇÃO Andrezza Libel
CAPA Carlos Pereira
REVISÃO DE PROVA Bruna Santos

COMITÊ CIENTÍFICO DA COLEÇÃO CIÊNCIAS SOCIAIS

DIREÇÃO CIENTÍFICA Fabiano Santos (UERJ-IESP)

CONSULTORES
Alícia Ferreira Gonçalves (UFPB)
Artur Perrusi (UFPB)
Carlos Xavier de Azevedo Netto (UFPB)
Charles Pessanha (UFRJ)
Flávio Munhoz Sofiati (UFG)
Elisandro Pires Frigo (UFPR-Palotina)
Gabriel Augusto Miranda Setti (UnB)
Helcimara de Souza Telles (UFMG)
Iraneide Soares da Silva (UFC-UFPI)
João Feres Junior (Uerj)
Jordão Horta Nunes (UFG)
José Henrique Artigas de Godoy (UFPB)
Josilene Pinheiro Mariz (UFCG)
Leticia Andrade (UEMS)
Luiz Gonzaga Teixeira (USP)
Marcelo Almeida Peloggio (UFC)
Maurício Novaes Souza (IF Sudeste-MG)
Michelle Sato Frigo (UFPR-Palotina)
Revalino Freitas (UFG)
Simone Wolff (UEL)

*Dedico este livro a meu filho, Miguel Lebron.
Você é minha maior obra, amor da minha vida!*

AGRADECIMENTOS

Neste momento de reflexão e gratidão, gostaria de expressar meu mais profundo reconhecimento a todos que desempenharam um papel essencial ao longo da jornada até aqui.

Antes de tudo, sou imensamente grato a Deus, que me inspira e guia diariamente, sendo a fonte de toda força e amor que me sustentam diante de todos os desafios.

À minha querida família, especialmente aos meus avós, Antônio e Maria, cujo amor e dedicação foram fundamentais na construção da pessoa que sou hoje. À minha mãe, Sirlene, pela sua devoção à família e apoio sem limites. À minha irmã, uma verdadeira aventureira que está desbravando o mundo e sempre me inspira com sua coragem e determinação. Ao meu filho amado, Miguel, que ilumina meus dias e me motiva a ser uma versão melhor de mim mesmo a cada dia.

Minha gratidão também vai ao Dr. Guilherme Francisco Frederico, que não só foi um orientador acadêmico, mas também um verdadeiro mentor. Pesquisador que está entre os Top 2% Cientistas Globais de Stanford em 2024, representa para mim um modelo de excelência e dedicação, e sou muito grato por sua paciência e sabedoria, seu trabalho é um legado o qual terei orgulho de levar adiante em minha profissão também como professor.

Aos amigos e aos colegas do HappyComex e da Conectasul, e à equipe da FAE Centro Universitário, obrigado pelo companheirismo e por tantas experiências enriquecedoras compartilhadas.

Aos colegas do setor de suprimentos, logística e comex, agradeço pelas interações, pelas visitas, e pela troca constante de experiências ao longo de duas décadas dedicadas a esses setores. Aos meus alunos e colegas docentes, que me inspiram continuamente a aprender mais e a compartilhar meu conhecimento.

Com gratidão,

Roque

"Ancora Imparo" – *"Eu ainda estou aprendendo".*

(Michelangelo Buonarroti, 1475-1564)

PREFÁCIO

É comum, atualmente, acreditar que é possível tocar uma operação logística sem uma torre de controle. Afinal, é o que a maioria das empresas fez e ainda faz.

Contudo, é fundamental considerar que o mundo mudou. Os tempos são outros, vivemos na era digital. A forma como consumimos, nos relacionamos e fazemos negócios está subjugada à tecnologia.

Para quase tudo na vida (ou seria tudo?), sacamos do bolso uma máquina chamada smartphone e, com alguns toques, consultamos, damos comando e fazemos comparações...

Queremos ir a algum lugar? Pedimos um Uber, ou ligamos o Waze para que nos mostre a melhor rota em tempo real. Aqui surge uma questão: você já pensou em como seria se não soubesse onde exatamente o seu motorista do Uber está, ou quanto tempo ele levará para chegar até você? Isso seria como operar uma frota de caminhões sem saber onde estão, quanto tempo levarão para chegar ao destino, ou, ainda, se estão enfrentando algum problema na rota.

Se estamos com fome, pedimos comida pelo iFood ou outro aplicativo regional. Mas se, de repente, você não soubesse onde está seu pedido e quanto tempo levará para chegar até sua casa ou empresa? Isso não seria diferente de perder o controle sobre o transporte e a entrega de suas mercadorias, o que pode resultar em atrasos, insatisfação do cliente e prejuízos para a empresa.

Queremos um produto qualquer? Comparamos preço, reputação e prazos em nosso navegador. Já imaginou se, ao fazer uma compra on-line, você não tivesse ideia de quando seu produto será entregue? Isso nos remete à falta de visibilidade sobre o fluxo de mercadorias, o que pode levar a problemas, como estoques excessivos, falta de produtos em determinados pontos de venda e, consequentemente, perda de vendas e clientes.

Quero fazer uma viagem? Vejo dicas, compro voo, reservo hospedagem, alugo carro. E se você não soubesse se haveria disponibilidade de voo para o seu destino na data desejada, ou se não tivesse certeza de que teria um carro para alugar quando chegasse ao seu destino? Essa incerteza é semelhante à falta de planejamento logístico, que pode resultar em custos elevados, ineficiência operacional e perda de competitividade no mercado.

Quero ouvir música? Tenho todos os artistas do mundo à disposição. Previsão do tempo? Está na mão. Quero saber das últimas novidades? Sem problemas. Preciso aprender alguma coisa rápida? Tudo está no YouTube. Quero falar com alguém do outro lado do mundo? Inclusive, em outro idioma que nem sei falar? Não há dificuldades.

Ou seja, a vida está mais fácil, conectada, rápida, informativa, dinâmica, porém mais ansiosa.

Nós, os consumidores deste mundo digital, estamos mais bem-informados e exigentes. Talvez, mal-acostumados com tanta tecnologia e acesso em tempo real? Claro que sim.

O que te faz pensar que, nessa nova configuração de vida, é possível fazer logística sem informação em tempo real? Como acha que, de agora em diante, o consumidor final de sua atividade, seja no B2B, seja no B2C, aceitará a escuridão de informações advindas de uma operação sem uma torre de controle logístico?

A época das desculpas passou. É preciso saber em tempo real onde estão nossos caminhões, quais cargas sofrerão atrasos, qual o nível de serviço atual e futuro, qual será a ruptura de estoque, os índices de *no-show*, a quantidade de caminhões à espera de carga e descarga e tudo aqui que advém da logística.

Afinal, assim como nos acostumamos a ter todas as informações na palma da mão, nossos clientes também esperam esse nível de transparência e eficiência na entrega dos produtos e serviços.

Nesse sentido, o livro que você tem em suas mãos é fundamental!

Roque Júnior é um acadêmico logístico. Ou seria um logístico acadêmico?

Ele escreve uma obra alicerçada em sua experiência profissional, mas balizada por toda uma carga de leituras, pesquisas e entrevistas com teóricos e práticos que vivenciaram e vivenciam a dinâmica logística neste mundo moderno.

Esta obra é importante para que você e eu conheçamos sobre as torres de controle logístico e suas aplicações nos mais diversos setores e segmentos da *supply chain*.

Ao entendermos como essas torres de controle são cruciais em um mundo cada vez mais conectado, podemos não apenas antecipar problemas, mas, também, otimizar os processos, reduzindo custos e melhorando a eficiência.

Leia, curta, anote, e, acima de tudo, coloque em prática e insira, de uma vez por todas, sua carreira e sua empresa na era digital.

Este livro é mais do que uma fonte de informação; é um guia para a transformação digital de que sua empresa precisa para se manter competitiva no mercado atual.

Achiles Rodrigues
Nexialista, executivo de vendas, mas, acima de tudo, logístico de pai, mãe e parteira, e maior referência no Brasil em Torre de Controle.

LISTA DE ABREVIATURAS E SIGLAS

AAS	Sistema de Analítico Avançado
AI/ML	Inteligência Artificial / Aprendizado de Máquina
BI	*Business Intelligence*
BPF	Boas Práticas de Fabricação
BSC	*Balanced ScoreCard*
CCO	Centro de Controle Operacional
EDI	Intercâmbio Eletrônico de Dados
EMG	*Electronic Measurement Group*
ERP	*Enterprise Resource Planning*
GEROT	Gerenciamento de Ocorrências de Transporte
GIS	Sistema de Informação Geográfica
IA	Inteligência Artificial
IoT	Internet das Coisas
KPIs	Indicadores Chave de Desempenho
MES	Sistema de Execução de Manufatura
ROI	Retorno sobre o Investimento
SaaS	*Software as a Service*
SCCT	*Supply Chain Control Tower*
SGA	Sistema de Gestão de Armazém
TCCS	Torres de Controle da Cadeia de Suprimentos

TIC   Tecnologias de Informação e Comunicação
TMS   Sistema de Gerenciamento de Transporte
WMS   *Warehouse Management Systems*

SUMÁRIO

CAPÍTULO 1
A BUSCA PELA RESILIÊNCIA DAS CADEIAS DE SUPRIMENTOS..........19

CAPÍTULO 2
FUNDAMENTOS DE CADEIA DE SUPRIMENTOS..........25
  2.1 A HISTÓRIA E A EVOLUÇÃO DA GESTÃO DA CADEIA DE SUPRIMENTOS..........25
  2.2 A IMPORTÂNCIA DA CADEIA DE SUPRIMENTOS..........27
  2.3 O PAPEL DA TECNOLOGIA NA CADEIA DE SUPRIMENTOS..........27
  2.4 MODELOS DE CADEIA DE SUPRIMENTOS..........29
  2.5 GESTÃO DA CADEIA DE SUPRIMENTOS E SUSTENTABILIDADE..........30
  2.6 DESAFIOS DA GESTÃO DA CADEIA DE SUPRIMENTOS..........31
  2.7 O IMPACTO DA COVID-19 NA GESTÃO DA CADEIA DE SUPRIMENTOS..........31

CAPÍTULO 3
O QUE É UMA TORRE DE CONTROLE EM CADEIAS DE SUPRIMENTOS..........35
  3.1 CONCEITOS DE TORRES DE CONTROLE EM CADEIAS DE SUPRIMENTOS (TCCS)..........36
  3.2 OBJETIVOS DAS TORRES DE CONTROLE..........39
  3.3 ESTRUTURAS DAS TORRES DE CONTROLE..........43
  3.4 APLICAÇÃO DE TORRE DE CONTROLE DE CADEIA DE SUPRIMENTOS À LOGÍSTICA..........49
  3.5 FUNÇÕES DE UMA TORRE DE CONTROLE..........53
  3.6 TORRES *PLUG-AND-PLAY*..........61
  3.7 FOCOS DAS TORRES *INBOUND*, INTERNO E *OUTBOUND*..........63
  3.8 OPORTUNIDADES E DESAFIOS NA IMPLEMENTAÇÃO DE TORRES DE CONTROLE NA CADEIA DE SUPRIMENTOS..........69
  3.9 MATURIDADE PARA IMPLANTAÇÃO DAS TORRES DE CONTROLE....75

CAPÍTULO 4
PASSO A PASSO PARA CRIAR E IMPLANTAR UMA TORRE DE CONTROLE 81
   4.1 TECNOLOGIAS USADAS NAS TORRES DE CONTROLE 88
   4.2 INDICADORES-CHAVE DE DESEMPENHO 91

CAPÍTULO 5
A TORRE DE CONTROLE NO CONTEXTO BRASILEIRO 97

CAPÍTULO 6
RETORNO SOBRE O INVESTIMENTO (ROI) NAS TORRES DE CONTROLE DA CADEIA DE SUPRIMENTOS 101

CAPÍTULO 7
TENDÊNCIAS FUTURAS 107

CAPÍTULO 8
CASO DE ESTUDO 113

CAPÍTULO 9
OS ESPECIALISTAS 115
   9.1 ACHILES RODRIGUES 115
   9.2 EDUARDO CANAL 119
   9.3 ANDERSON OBERDAN 123
   9.4 LUIZ MARANGONI 127
   9.5 SANDRO FABIANO DA LUZ 129

REFERÊNCIAS 133

CAPÍTULO 1

A BUSCA PELA RESILIÊNCIA DAS CADEIAS DE SUPRIMENTOS

Este livro foi desenvolvido com o intuito de ser uma janela para um universo ainda pouco explorado no mercado brasileiro: as torres de controle nas cadeias de suprimentos (TCCS). O interesse em trabalhar este tema surgiu devido ao contexto global e complexo que estamos vivendo, que se acentuaram nos últimos anos. A intensa concorrência e eventos como a pandemia da Covid-19, a guerra da Ucrânia, o congestionamento portuário épico, a grave falta de caminhoneiros, tensões comerciais entre potências econômicas e desastres naturais são pontos que carecem de emergente atenção devido à necessidade de visibilidade e controle sobre as complicações operacionais. Trata-se não somente de um desafio, mas, sim, de uma necessidade de sobrevivência para muitas empresas.

Enfrentar essa adversidade é como jogar uma partida em que não podemos dar as costas ao jogo. Desviar o olhar por um instante pode significar levar uma bola nas costas. Mas não se preocupe! Estamos aqui para auxiliá-lo em sua jornada, para que possa jogar essa partida com confiança e maestria.

Embora este livro não seja acadêmico, forneceremos ao leitor uma base teórica sólida, aliada a perspectivas práticas. Estaremos sempre atentos ao equilíbrio entre teoria e prática, com o objetivo de tornar sua jornada de aprendizado sobre digitalização e TCCS 4.0 o mais leve e agradável possível. Afinal, este é o primeiro livro do Brasil abordando essa temática, razão pela qual é uma grande responsabilidade.

> Pesquisa realizada com C-Level em cadeias de suprimento, em 2018, descobriu que o *"maior desafio para os executivos da cadeia de suprimentos global era a visibilidade"*. E isso era pré-pandemia (Statista, 2022).[1]

Nossa primeira parada nesta jornada é uma revisão rápida, porém crucial do que é uma cadeia de suprimentos. Segundo Ballou (2006), trata-se de um conjunto de atividades funcionais que se repetem ao longo do canal pelo qual matérias-primas são transformadas em produtos acabados, agregando valor ao consumidor.

Com essa definição em mente, é importante entender como as cadeias de suprimentos evoluíram em paralelo à evolução da logística e da sociedade contemporânea. A globalização transformou pequenas empresas em corporações globais, com centenas de fornecedores, clientes e parceiros que providenciam diariamente a entrega dos produtos que precisamos.

No entanto, o mundo globalizado traz consigo uma avalanche de dados que precisam ser gerenciados e traduzidos em informações úteis para a tomada de decisões e obtenção de vantagem competitiva. Tal importância foi destacada por diversos autores (Lücker; Seifert, 2017; Shashi; Cerchione; Ertz, 2020; Ali; Mahfouz; Arisha, 2017; Chowdhury; Quaddus, 2016).

Criar resiliência nas cadeias de suprimentos requer visibilidade e adoção de estratégias que podem ser integradas em horizontes temporais de curto, médio e longo prazo. A indústria 4.0 trouxe consigo novas tecnologias, agregando valor e ajudando a dominar as cadeias de suprimentos 4.0 (Asdecker; Felch, 2018; Byrne *et al.*, 2018; Dallasega; Rauch; Linder, 2018; Dossou, 2018; Fareri *et al.*, 2020; Galati; Bigliardi, 2019; Garrido-Hidalgo *et al.*, 2019; Manavalan; Jayakrishna, 2019; Radanliev *et al.*, 2018; Ralston; Blackhurst, 2020; Remko, 2020; Tiwari; Shringi, 2021; Patsavellas; Kaur; Salonitis, 2021).

A adoção de estratégias de resiliência, tais como reconfiguração de recursos, gerenciamento de riscos, continuidade de abastecimento, visibilidade da cadeia de suprimentos, capacidade

---

[1] Para mais informações, acesse o setor Supply chain: maiores desafios 2018 | Statista.

e eficiência de resposta, medição de desempenho e gestão do conhecimento, mostra a complexidade e a preparação necessária para se atuar no mundo moderno.

No entanto, nem tudo são flores. A digitalização e a busca pela resiliência trazem consigo barreiras, como a tomada de decisão ineficaz, o sistema de controle de estoque impreciso, a gestão ineficaz de fornecedores, a implementação rara de estratégias de gestão de risco, a falta de recursos e capacidade de gestão, o alto custo de manutenção de estoques de segurança, a falta de compartilhamento de informações, a falta de confiança, a falta de visibilidade da cadeia de suprimentos, entre outros (Ali; Nagalingam; Gurd, 2017; Shashi; Cerchione; Ertz, 2020; Patsavellas; Kaur; Salonitis, 2021).

O estudo de Roque Júnior, Frederico e Costa (2023) oferece um valioso quadro teórico para compreender a relação entre maturidade e resiliência em cadeias de suprimentos. Ao aplicar esse quadro nas empresas, é possível obter insights sobre como aprimorar a eficácia das operações e das torres e, assim, melhorar a gestão da cadeia de suprimentos como um todo.

> **Maturidade e resiliência em cadeias de suprimentos: uma revisão sistemática da literatura**
>
> Nas últimas décadas, o cenário globalizado tem exigido respostas proativas das cadeias de suprimentos das organizações. Conforme destacado no artigo "Maturidade e resiliência em cadeias de suprimentos: uma revisão sistemática da literatura", de Roque Júnior, Frederico e Costa (2023), as empresas devem ser capazes de mitigar os impactos de desastres naturais e provocados pelo homem. Para isso, elas precisam entender seus estágios de maturidade e resiliência.
>
> A gestão de cadeias de suprimentos tem evoluído ao longo do tempo, com a introdução de conceitos como TCCS. Este conceito, que se refere à centralização da visibilidade e do controle da cadeia de suprimentos, pode ser visto como um instrumento-chave na busca pela maturidade e resiliência das cadeias de suprimentos.

O estudo proposto por Roque Júnior, Frederico e Costa (2023) propõe um modelo teórico que relaciona maturidade e resiliência, buscando orientar a tomada de decisão sobre o alinhamento desses dois conceitos. A maturidade é vista como um estágio de desenvolvimento que uma cadeia de suprimentos pode atingir, em que práticas eficientes são sistematicamente executadas e melhoradas. A resiliência, por outro lado, é a capacidade da cadeia de suprimentos de resistir, absorver, se recuperar e se adaptar a perturbações, seja de origem natural, seja provocada pelo homem.

Na conexão com as TCCS, a maturidade pode ser interpretada como a eficácia com que uma organização implementou e está utilizando a torre de controle. Uma torre de controle madura seria aquela que consegue fornecer visibilidade em tempo real de toda a cadeia de suprimentos, integrar diferentes fontes de dados e permitir a tomada de decisões baseada em dados.

A resiliência, neste contexto, seria a capacidade da torre de controle de continuar a fornecer esses recursos diante de perturbações. Por exemplo, em caso de interrupções de rede, uma torre de controle resiliente teria medidas de contingência para manter a visibilidade da cadeia de suprimentos e permitir a tomada de decisões. Além disso, o modelo de maturidade e resiliência proposto pelos referidos autores pode ajudar a guiar as organizações na implementação e aprimoramento de suas cadeias de suprimentos. Ao identificar os estágios de maturidade e os elementos de resiliência, as organizações podem avaliar sua situação atual e identificar áreas de melhoria.

Assim sendo, a implementação eficaz de uma TCCS pode ser um fator significativo para aumentar a maturidade e a resiliência da cadeia de suprimentos. No entanto, como os autores do artigo argumentam, é necessário que haja um alinhamento estratégico entre a maturidade e a resiliência.

O artigo de Roque Júnior, Frederico e Costa (2023) reforça a necessidade de contínua evolução e adaptação na gestão da cadeia de suprimentos, destacando a importância de estratégias proativas para enfrentar os desafios de um mundo globalizado e em constante mudança.[2]

Tendo isso em vista, a visibilidade surge como uma característica fundamental na dimensão da resiliência. Segundo Dybskaya e Sergeev (2019) e Patsavellas, Kaur e Salonitis (2021), ter visibilidade

---

[2] Para mais informações, acesse: https://www.emerald.com/insight/content/doi/10.1108/ijieom-08-2022-0035/full/html.

da cadeia de suprimentos significa medir e monitorar o desempenho de toda a cadeia em quatro recursos principais: agilidade, resiliência, confiabilidade e responsabilidade.

É nesse cenário que surge, então, o *supply chain control tower*, abreviado como SCCT, ou, em português, "torres de controle da cadeia de suprimentos", cuja sigla é TCCS. De acordo com Patsavellas, Kaur e Salonitis (2021), Dybskaya e Sergeev (2019), Shamroukh (2021) e Kumar *et al.* (2023), trata-se de um conceito avançado de controle, monitoramento e gestão de cadeias de suprimentos complexos. Originárias das torres de controle da aviação, elas são fundamentais para o monitoramento e a gestão das cadeias de suprimentos complexas (Dybskaya; Sergeev, 2019; Shamroukh, 2021).

Assim, convido você a embarcar nesta jornada de descoberta e aprendizado sobre as TCCS, tema cada vez mais relevante no mundo globalizado em que vivemos.

CAPÍTULO 2

FUNDAMENTOS DE CADEIA DE SUPRIMENTOS

Entender os fundamentos da cadeia de suprimentos é essencial para compreender a eficiência que um sistema de torres de controle pode trazer. Nesta seção, discutir-se-á a história e a estrutura básica de uma cadeia de suprimentos, os principais componentes, sua importância para a economia global e como a tecnologia se tornou um fator-chave na otimização desses processos.

2.1 A HISTÓRIA E A EVOLUÇÃO DA GESTÃO DA CADEIA DE SUPRIMENTOS

A gestão da cadeia de suprimentos – como hoje é conhecida – é o resultado de décadas de evolução e mudança. Originalmente, as empresas operavam com um foco muito limitado, gerindo apenas as atividades internas da produção. Esse era um sistema de "silo", em que cada função operacional observava independentemente e havia pouca coordenação ou integração entre as diferentes áreas da empresa (Mentzer *et al.*, 2001).

Nos anos 1950 e 1960, à medida que as empresas começaram a se expandir além das fronteiras nacionais, surgiu a necessidade de coordenar e operar as operações de produção, logística e distribuição numa escala muito maior. No entanto, a visão ainda era muito focada na empresa individual, com objetivo principal de otimizar as operações internas (Chopra; Meindl, 2010).

Somente nos anos 1980, o conceito de gestão da cadeia de suprimentos realmente começou a ganhar terreno. Com a globalização dos mercados e o aumento da concorrência, à medida que as empresas tentam perceber que a chave para obter uma vantagem competitiva não está apenas em otimizar suas próprias operações, mas também em efetivá-las de maneira eficaz e satisfatória, geram, assim, interdependência entre as diferentes empresas na cadeia de suprimentos.

Isso levou à adoção de uma abordagem mais estratégica e integrada à gestão da cadeia de suprimentos, que incluía não só a coordenação das operações internas, mas também a gestão das relações com os fornecedores e clientes, a gestão de riscos na cadeia de suprimentos e a coordenação das atividades de logística e distribuição por meio de várias empresas e locais geográficos (Christopher, 2016).

Nos anos 1990 e 2000, essa tendência continua a evoluir com a crescente adoção de tecnologias de informação e comunicação (TIC), que permitiam maior visibilidade, coordenação e controle em toda a cadeia de suprimentos. Além disso, questões como a sustentabilidade e a responsabilidade social corporativa tornaram-se cada vez mais importantes, levando a uma maior ênfase na gestão ética e sustentável da cadeia de suprimentos (Seuring, 2008).

Hoje, a gestão da cadeia de suprimentos é vista como uma função crítica estratégica que pode contribuir significativamente para a vantagem competitiva de uma empresa. A ênfase está em gerenciar a cadeia de suprimentos como um todo integrado, cuja chave para o sucesso não está apenas em fazer as coisas bem dentro da própria empresa, mas também em trabalhar eficazmente com parceiros, fornecedores e clientes, para otimizar o desempenho de toda a cadeia (Chopra; Meindl, 2010).

A cadeia de suprimentos, segundo Chopra e Meindl (2010), é uma rede de diferentes organizações que trabalham juntas para entregar um produto ou serviço ao cliente final. Essa rede inclui fornecedores de matérias-primas, produtores, distribuidores, varejistas e consumidores. Cada entidade nessa rede é um elo na cadeia de suprimentos e tem um papel vital na entrega eficiente de produtos e serviços.

Além disso, Christopher (2016) explica que a gestão da cadeia de suprimentos é o gerenciamento de relacionamentos para melhorar o desempenho de todas as empresas envolvidas e, finalmente, entregar valor ao cliente final. As operações incluem: planejamento, execução, controle e supervisão das atividades de fornecimento, objetivando garantir que os produtos sejam produzidos e entregues ao cliente final de maneira eficiente e eficaz.

2.2 A IMPORTÂNCIA DA CADEIA DE SUPRIMENTOS

A cadeia de suprimentos tem uma importância fundamental na economia global. Segundo Mentzer *et al.* (2001), a eficiência na cadeia de suprimentos permite que as empresas aumentem suas margens de lucro, enquanto melhoram o atendimento ao cliente. Além disso, uma cadeia de suprimentos bem gerenciada pode ajudar as empresas a responderem rapidamente às mudanças na demanda do mercado e manterem sua competitividade e também destaca que uma gestão eficiente da cadeia de suprimentos pode resultar em uma redução nos custos de estoque, melhoria na utilização dos ativos e aumento na flexibilidade para responder a mudanças na demanda e no fornecimento.

2.3 O PAPEL DA TECNOLOGIA NA CADEIA DE SUPRIMENTOS

A tecnologia tem um papel fundamental na gestão da cadeia de suprimentos. Em um ambiente globalizado e complexo, no qual precisão, velocidade e eficiência são cada vez mais valorizadas, a tecnologia tem emergido como uma ferramenta indispensável para gerenciar efetivamente as operações na cadeia de suprimentos.

O uso da tecnologia na cadeia de suprimentos é multifacetado, pois pode ajudar a automatizar processos, atendendo à necessidade de trabalho manual e a potencial de erro humano. Isso é particularmente relevante na logística, em que a automação pode levar a ganhos em eficiência e confiabilidade (Bowersox; Closs; Cooper, 2002). Além disso, a tecnologia também é fundamental para coletar, analisar e compartilhar informações ao longo da cadeia de suprimentos. As plataformas digitais e os sistemas de informação permitem o compartilhamento rápido e eficiente de dados entre diferentes partes da cadeia, melhorando a visibilidade e a coordenação (Chopra; Meindl, 2010).

A tecnologia também facilita a tomada de decisões baseadas em dados na cadeia de suprimentos. As ferramentas de análise de dados podem ajudar os gestores a identificarem tendências, padrões e oportunidades, auxiliando na tomada de decisões mais influentes e estratégicas (Rushton; Croucher; Baker, 2014).

Em particular, a Internet das Coisas (IoT) está remodelando as cadeias de suprimentos, permitindo a rastreabilidade e visibilidade em tempo real de produtos e ativos. Isso pode levar a melhorias na eficiência, à redução de custos e a um melhor atendimento ao cliente (Zhong *et al.*, 2017).

Além disso, a tecnologia *blockchain* também está começando a ter um impacto na cadeia de suprimentos, oferecendo uma maneira segura e transparente de rastrear transações ao longo da cadeia de suprimentos, com expressões significativas para a segurança e confiabilidade (Tapscott; Tapscott, 2016).

É importante notar, entretanto, que a implementação de tecnologia na cadeia de suprimentos também apresenta desafios. Isso inclui o custo de aquisição e implementação da tecnologia, a necessidade de treinamento de funcionários, questões de segurança de dados e a necessidade de alinhar a tecnologia com os processos e estratégias de negócios existentes (Gunasekaran; Patel; Tirtiroglu, 2001).

No entanto, considerando o papel cada vez mais central da tecnologia na gestão da cadeia de suprimentos, torna-se claro que as empresas que não adotam as tecnologias autônomas podem encontrar-se em competitividade.

> **Supply chain 4.0: conceitos, maturidade e agenda de pesquisa**
> Na pesquisa de Frederico *et al.* (2019), temos uma definição do que é Cadeia de Suprimentos 4.0; tal definição é fundamental para nortear o processo de aplicação de tecnologia nas cadeias de suprimentos.
>
> *"Cadeia de Suprimentos 4.0 é uma abordagem transformacional e holística para a gestão da cadeia de suprimentos que utiliza tecnologias disruptivas da Indústria 4.0 para otimizar processos, atividades e relações na cadeia de suprimentos, a fim de gerar benefícios estratégicos significativos para todos os stakeholders da cadeia de suprimentos."*
>
> Os resultados esperados com uso das tecnologias nas cadeias de suprimentos são melhorias esperadas em interoperabilidade, colaboração, transparência, integração, flexibilidade, responsividade, eficiência e medição de desempenho, que são facilitadas pelas alavancas tecnológicas.[3]

2.4 MODELOS DE CADEIA DE SUPRIMENTOS

Existem vários modelos de cadeia de suprimentos que foram associados ao longo do tempo para ajudar a otimizar as operações de negócios. Por exemplo, Lambert e Cooper (2000) sugerem um modelo em que a gestão da cadeia de suprimentos é vista como um integrador de processos que deve abranger todas as atividades relacionadas à produção e entrega de produtos. O modelo se concentra em criar uma estrutura de cadeia de suprimentos que seja adaptável e flexível o suficiente para responder a qualquer mudança no ambiente de negócios.

Por outro lado, Christopher (2016) propõe um modelo de cadeia de suprimentos baseado em fluxos de produtos, informações e fundos. Esse modelo permite que as empresas vejam a cadeia de suprimentos como um sistema contínuo, em vez de uma série de processos desconectados. O objetivo é criar uma cadeia de suprimentos que seja tanto eficiente quanto eficaz, capaz de entregar produtos da maneira mais rápida e econômica possível, mantendo um alto nível de qualidade.

---

[3] Para conhecer mais sobre a pesquisa, acesse: https://www.emerald.com/insight/content/doi/10.1108/SCM-09-2018-0339/full/html.

2.5 GESTÃO DA CADEIA DE SUPRIMENTOS E SUSTENTABILIDADE

A sustentabilidade na gestão da cadeia de suprimentos ganhou um lugar de destaque na agenda corporativa, impulsionada por fatores como: crescente conscientização ambiental, pressão regulatória e demanda do consumidor por práticas empresariais responsáveis. A gestão sustentável da cadeia de suprimentos pode ser entendida como a gestão estratégica e coordenada das atividades de negócios, para alcançar o equilíbrio econômico, social e ambiental em toda a cadeia de suprimentos (Seuring, 2008). Isso implica uma abordagem holística que leva em consideração o impacto ambiental e social das operações da cadeia de suprimentos, além dos objetivos psicológicos tradicionais.

Na prática, a sustentabilidade na cadeia de suprimentos pode manifestar-se de várias maneiras. Por exemplo, as empresas podem buscar reduzir o desperdício e o consumo em suas operações, por meio de práticas como logística reversa e produção limpa (Srivastava, 2007). Além disso, as empresas também podem procurar fontes de materiais de forma responsável, garantindo que seus fornecedores respeitem os direitos dos trabalhadores e evitem a degradação ambiental (Koplin; Seuring; Mesterharm, 2007).

A implementação de práticas na cadeia de suprimentos pode trazer vários benefícios para as empresas. Eles incluem uma melhor confiança e imagem de marca, maior lealdade do cliente, bem como redução de custos por meio da eficiência e minimização de riscos associados à continuidade na cadeia de suprimentos ou violação regulatória (Carter; Rogers, 2008).

No entanto, deve-se atentar que a gestão sustentável da cadeia de suprimentos também apresenta desafios, tais como a necessidade de equilibrar objetivos psicológicos, sociais e ambientais, a complexidade de monitorar e gerenciar o desempenho sustentável em toda a cadeia de suprimentos e a resistência potencial de fornecedores ou outras partes interessadas (Ageron; Gunasekaran; Spalanzani, 2012).

Apesar desses desafios, fica cada vez mais claro que a sustentabilidade é uma consideração essencial na gestão moderna da cadeia de suprimentos, à medida que as empresas buscam alinhar suas operações com as expectativas de um mundo cada vez mais consciente dos problemas ambientais e sociais.

2.6 DESAFIOS DA GESTÃO DA CADEIA DE SUPRIMENTOS

A gestão da cadeia de suprimentos apresenta vários desafios. Como mencionado por Handfield e Nichols (2002), um dos principais desafios é a necessidade de gerenciar uma rede complexa e interconectada de empresas, cada uma com seus próprios objetivos e prioridades. Outros desafios incluem a necessidade de responder a mudanças rápidas na demanda do cliente, gerenciar riscos e emergências e manter uma visibilidade adequada em todas as etapas da cadeia de suprimentos.

Apesar dos desafios apresentados, uma gestão eficaz da cadeia de suprimentos é vital para o sucesso de qualquer negócio. Ao implementar estratégias eficazes de cadeia de suprimentos e aproveitar as novas tecnologias, as empresas podem melhorar a eficiência de suas operações, aumentar a satisfação do cliente e obter uma vantagem competitiva no mercado.

2.7 O IMPACTO DA COVID-19 NA GESTÃO DA CADEIA DE SUPRIMENTOS

A pandemia da Covid-19 causou interrupções sem precedentes na gestão da cadeia de suprimentos global. Como consequência das medidas de quarentena e distanciamento social, as empresas de todos os setores enfrentaram e continuam enfrentando um reflexo contínuo na produção e na distribuição de produtos (Ivanov, 2020; Patsavellas; Kaur; Salonitis, 2021). Essas interrupções destacam a vulnerabilidade das cadeias de suprimentos globais e a importância da resiliência na gestão da cadeia de suprimentos. Empresas que implementaram estratégias de gestão de risco e continuidade de negócios adaptaram-se mais facilmente à nova realidade, minimizando os negativos na operação (Kumar *et al.*, 2020).

A Covid-19 também acelerou várias tendências emergentes na gestão da cadeia de suprimentos. Por exemplo, a demanda por transparência e visibilidade aumentou significativamente, à medida que as empresas buscavam entender melhor os riscos e vulnerabilidades em suas cadeias de suprimentos (Paul; Chowdhury, 2020). A digitalização também ganhou impulso, com mais empresas adotando tecnologias, como a inteligência artificial (IA) e a *blockchain* para melhorar a eficiência e a resiliência de suas operações (Queiroz *et al.*, 2020). Em estudo realizado, Roque Júnior *et al.* (2021) abordam o impacto da Covid-19 na cadeia de suprimentos no contexto brasileiro, destacando o papel da resiliência da cadeia de suprimentos na mitigação dos efeitos da pandemia. Os autores destacam a importância de estratégias como a diversificação de fornecedores, a digitalização e o investimento em tecnologias de rastreamento e monitoramento para melhorar a visibilidade e o controle da cadeia de suprimentos.

Além disso, Roque Júnior *et al.* (2021) e Patsavellas, Kaur e Salonitis (2021) observam que a pandemia acelerou tendências já existentes na gestão da cadeia de suprimentos, dentre elas, o aumento do comércio eletrônico e a adoção de práticas de trabalho remoto. Essas tendências apresentam desafios e oportunidades para as empresas, pois influenciaram mudanças na forma como a cadeia de suprimentos é gerenciada e operacionalizada.

Na indústria farmacêutica, é fundamental a gestão de cadeias de suprimentos efetiva devido à globalização das fontes de suprimentos e de clientes, sendo assim, muito importante para reduzir desperdícios, melhorar a qualidade do produto, reduzir tempo, custos e melhorar o desempenho financeiro das organizações. Por isso, são necessárias informações em tempo real para a tomada de decisões e melhor atendimento aos clientes. Ressaltam ainda os referidos autores que uma das grandes preocupações da indústria farmacêutica global é controlar o desperdício da cadeia, implementar todas as variáveis da cadeia de suprimentos em pequenas e médias empresas da indústria farmacêutica. Sabemos que não é fácil, no entanto, algumas variáveis relacionadas à redução de tempo podem ser facilmente implementadas (Roque Júnior *et al.*, 2021; Patsavellas; Kaur; Salonitis, 2021). Outro ponto mais desafiador é como implementar na indústria farmacêutica à luz das "boas práticas de fabricação", conhecidas como BPF (Sharabati; Al-Atrash; Dalbah, 2022).

Em resumo, a pandemia da Covid-19 teve um impacto profundo na gestão da cadeia de suprimentos, desafiando as empresas a se adaptarem a um ambiente de negócios volátil e incerto. Contudo, também ofereceu a oportunidade às empresas de revisarem suas estratégias às práticas de gestão da cadeia de suprimentos e, ainda, buscarem novas formas de fortalecer a resiliência e a sustentabilidade de suas operações.

CAPÍTULO 3

O QUE É UMA TORRE DE CONTROLE EM CADEIAS DE SUPRIMENTOS

A imagem emblemática de uma torre de controle em um aeroporto é provavelmente familiar para muitos. Por mais de um século, essas estruturas têm sido fundamentais para organizar o tráfego aéreo global, garantindo segurança, eficiência e pontualidade aos voos. Com o nascimento da primeira torre de controle aéreo no antigo aeroporto de Croydon, em Londres, na década de 1920, o conceito de uma torre de controle centralizada tornou-se um padrão essencial na indústria da aviação (Presa, 2023; Sampson, 2013).

Hoje, o conceito de torre de controle ultrapassou os limites dos aeroportos para entrar no campo da gestão da cadeia de suprimentos. Com uma abordagem semelhante à do controle do tráfego aéreo, as TCCS visam a otimizar e coordenar as atividades complexas e interconectadas que ocorrem ao longo de uma cadeia de suprimentos. Segundo Shamroukh (2021) e Patsavellas, Kaur e Salonitis (2021), tal processo ganhou forma na década de 1990, quando empresas e gerentes de logística exigiam melhor visibilidade das situações ocorridas para controlar embarque, operações internas ou externas, como parceiros e terceirizados. A complexidade das cadeias de suprimentos tem uma grande relação com o crescimento dos mercados e a globalização das operações. A evolução nos últimos anos em termos de movimentação pelo globo exige uma quantidade enorme de informações que precisam ser gerenciadas.

As TCCS não são novas, mas, nas interações iniciais, eram isoladas e lineares, oferecendo apenas insights sobre uma área específica de operações, como transporte, logística ou armazenamento. Geralmente, eram soluções de software no local com recursos limitados. A ascensão da nuvem com seu poder computacional e capacidade de ingerir e analisar grandes quantidades de dados, combinada com IA, aprendizado de máquina, IoT e análise preditiva e prescritiva da cadeia de suprimentos, mudou tudo isso. As TCCS atuais fornecem visibilidade de ponta a ponta; servem como um centro de comando para permitir que as empresas atuem de forma mais próxima com os fornecedores e prestem serviços proativamente aos seus clientes.

Conforme Sharabati, Al-Atrash e Dalbah (2022), a DHL usa as TCCS nas práticas diárias para coordenar atividades logísticas entre parceiros em nível global para reduzir estoques, identificar e gerenciar riscos. Outras empresas, como Walmart, Intel e Cisco, Klabin, Vibra Energia, BP Bunge, estão usando torres para coordenar processos, monitorar atividades e compartilhar dados entre múltiplas funções, não só de empresas, mas também governos, como é o caso do governo coreano, que usa uma torre de controle para lidar com crises.

3.1 CONCEITOS DE TORRES DE CONTROLE EM CADEIAS DE SUPRIMENTOS (TCCS)

No contexto das cadeias de suprimentos, a definição exata de uma torre de controle pode variar, dependendo das especificidades da cadeia de suprimentos em questão e das necessidades de gerenciamento. Em essência, porém, uma TCCS pode ser feita como um centro de sistemas, processos e tecnologias que fornecem visibilidade, monitoramento e controle em tempo real das operações da cadeia de suprimentos (Christopher, 2016).

Gostaria de apresentar, no Quadro 1, essa perspectiva de conceito e definição, consciente de que este tema ainda é uma fronteira inexplorada para muitos setores da economia e que não representa uma verdade imutável, mas, sim, um conceito em constante evolução e adaptação.

Quadro 1 – Conceito de TCCS

AUTOR/ANO	CONCEITO/DEFINIÇÃO DE TORRE DE CONTROLE
Karkula (2018)	A torre é um sistema central ao nível tecnológico adequado, destinado à organização de processos, aquisição e análise de dados da cadeia de abastecimento para garantir melhor transparência.
Trzuskawska-Grzesińska (2017)	Sistema de planejamento e execução, que lida efetivamente com a restrição de recursos e/ou contenção, bem como desvio do processo, a fim de executar corretivas e ações preventivas em tempo real.
Akben e Özel (2017)	O sistema de TCCS tenta tornar o ambiente externo visível para o negócio. É iniciativa; fornece visibilidade "ponta a ponta", eliminando a latência do sistema, todas as transações e eventos para salvar e ajudar rapidamente os planejadores contra interrupções e desvios dos planos de demanda e operações.
Fekpe e Administration (2021)	A capacidade de rastrear as entregas em tempo real, em troca, ajuda a tornar o processo de entrega mais eficiente.
Tsertou et al. (2016)	Uma TCCS é um *hub* central com a tecnologia para trabalhar com dados e fornece visibilidade aperfeiçoada para a tomada de decisões alinhada aos objetivos estratégicos.
Barbosa-Povoa e Pinto (2020)	Fornece visibilidade da cadeia de suprimentos e entrega as informações necessárias para apoiar a tomada de decisão em tempo real, estruturado como uma torre de controle de aeroporto. É um sistema unificado em um único local físico, que auxilia na implementação de decisões críticas com impacto em toda a cadeia de abastecimento.
Vlachos (2021)	Um *hub* central com a tecnologia, organização e processos necessários para capturar e usar dados da cadeia de suprimentos para fornecer maior visibilidade para a tomada de decisões de curto e longo prazos, que está alinhada com os objetivos estratégicos das empresas.

AUTOR/ANO	CONCEITO/DEFINIÇÃO DE TORRE DE CONTROLE
Shamroukh (2021)	Uma TCCS é um software sofisticado de ponta que consolida e centraliza os vários processos e atividades complexas de qualquer sistema da cadeia de suprimentos e, assim, constrói um *hub* que acompanha, gerencia e organiza e realizada a operação de forma bem-sucedida.
Kumar *et al.* (2023)	Um SCCT é muito mais do que um controle tradicional de torre. Inclui pessoas, processos, novas formas de trabalho, infraestrutura de tecnologia e dados, que, combinados, podem ajudar a capacitar uma empresa para orquestrar proativamente, em todo o seu fornecimento, funções da cadeia e redes de suprimentos mais amplas para ajudar a aumentar o valor da empresa.
Gartner (2022)	TCCS como um conceito que resulta na combinação de pessoas, processos, dados, organização e tecnologia. As torres de controle capturam e usam (quase) dados operacionais em tempo real de todo o ecossistema de negócios para fornecer visibilidade aprimorada e melhorar a tomada de decisões.

Fonte: o autor

Após essa análise inicial de algumas definições, torna-se evidente que este tema, de fato, pode apresentar diversas nuances. Assim sendo, proponho-me a compartilhar minha interpretação sobre esse conceito, fundamentada tanto no contexto brasileiro quanto nas minhas experiências práticas acumuladas.

> "É um ecossistema de processos, sistemas e pessoas centralizado, *que possibilita visibilidade, monitoramento e controle em tempo real de todas as operações dentro da cadeia de suprimentos*".
>
> (O autor)

Em resumo, uma TCCS pode ser entendida como um ecossistema de gerenciamento centralizado que fornece visibilidade, monitoramento e controle em tempo real das operações da cadeia de suprimentos. Essa estrutura desempenha um papel crucial na otimização do desempenho da cadeia de suprimentos, facilitando a tomada de decisões estratégicas e operacionais mais eficazes.[4]

3.2 OBJETIVOS DAS TORRES DE CONTROLE

As torres de controle desempenham um papel fundamental na gestão da cadeia de suprimentos, fornecendo uma série de ferramentas e dados que ajudam as organizações a otimizarem seus processos e melhorarem o desempenho de suas operações. A função das TCCS é bastante abrangente e pode variar, dependendo das necessidades específicas de cada organização.

No entanto, de forma geral, essas torres têm como objetivo monitorar, medir, avaliar e implementar ações corretivas e preventivas, além de responder aos problemas e às demandas dos clientes. Também é comum que as torres de controle reportem internamente e para parceiros externos, a fim de iniciar processos de melhoria contínua (Roque Júnior; Costa; Frederico, 2019). Neste capítulo, exploraremos em detalhes os principais objetivos das torres de controle.

De acordo com Shamroukh (2021), torres de controle têm como objetivo maximizar os resultados da cadeia de suprimentos por meio de maior visibilidade, antecipação e sinergia entre processos, pessoas e tecnologia conseguindo dar agilidade às operações, resiliência e confiabilidade. Em um cenário cada vez mais desafiador, com cadeias de suprimentos complexas, essa abordagem se mostra uma forma eficiente de aumentar a visibilidade das empresas e a maturidade em cadeias de suprimentos, uma vez que o processo retroalimenta a operação em um efeito de melhoria contínua (Roque Júnior; Costa; Frederico, 2019).

---

[4] TORRE DE CONTROLE E GESTÃO 4.0. Para mais informações, acesse o link e veja o vídeo: https://www.youtube.com/watch?v=aOxYQbdFLXQ&feature=youtu.be.
SUPPLY CHAIN 4.0 – TORRE DE CONTROLE! Para mais informações, acesse o link e veja o vídeo: https://www.youtube.com/live/I-fV_rKUmgo?feature=share.

As torres de controle estão se tornando o epicentro da inovação nas cadeias de suprimentos e, conforme destacado por Frederico *et al.* (2019), elas se alinham ao conceito de cadeia de suprimentos 4.0. As torres de controle permitem maximizar a lucratividade com foco nos fornecedores e clientes, além de ter um impacto direto na estratégia. A cadeia de suprimentos 4.0 exige transparência, colaboração e planejamento; e as torres de controle oferecem a capacidade de combinar sistemas, integrando IoT, tecnologias como RFID, GPS, ERP, WMS, TMSs, IAs e outras plataformas de uso das empresas, maximizando, assim, os investimentos já realizados pelas empresas.

A crescente complexidade nas cadeias de suprimentos tem gerado uma necessidade crítica de construir visibilidade e controle para aumentar a confiança tanto na cadeia de suprimentos quanto nas equipes de gestão. Ressalta-se que as torres de controle desempenham um papel crucial nesse sentido, visando a regular a cadeia de abastecimento, maximizando o serviço, minimizando o tempo de ciclo e otimizando os recursos (Trzuskawska-Grzesińska, 2017). Elas atendem aos três níveis de operação da cadeia de suprimentos – estratégico, tático e operacional –, permitindo às empresas tomarem decisões ajustadas tanto a curto quanto a longo prazo (Karkula, 2018).

Além disso, as torres de controle podem e devem ter seus objetivos alinhados à estratégia organizacional. Podem ser objetivos como visibilidade da demanda e oferta, fluxo de remessas e gerenciamento de estoques (Akben; Özel, 2017; Trzuskawska-Grzesińska, 2017). Outro objetivo encontrado na literatura é o gerenciamento e a resposta a desastres, tais como o caso da pandemia de Covid-19 (Fekpe; Administration, 2021; Handfield *et al.*, 2020b; Yong; Kundakchian, 2020).

As torres de controle também visam a reduzir atrasos nas informações, permitindo ações para minimizar a cadeia de suprimentos, sistemas, fluxos e operações. Além disso, de acordo com o Gartner (2022), as torres de controle também têm como objetivo realizar análises avançadas, incluindo previsões. Complementando todos os objetivos mencionados, elas podem ser responsáveis por monitoramento e rastreamento, programação de transporte, produtividade de máquinas, sistemas e pessoas, gestão de relatórios informativos, métricas, escalonamento de lista, melhoria contínua e centralização logística (Aquiles, 2021). De forma mais prática, destaca-se o trabalho de Sharabati, Al-Atrash e Dalbah (2022), o qual mostra que as TCCS afetam as dimensões de vantagem competitiva, sendo que o maior efeito apresentado foi na qualidade, em seguida, na confiabilidade e, finalmente, na capacidade de resposta.

A seguir, serão descritos em detalhes seis principais objetivos das torres de controle, conforme Shamroukh (2021).

1. **Visibilidade e monitoramento**

Um dos principais objetivos de uma torre de controle é fornecer visibilidade e monitoramento em tempo real das operações da cadeia de suprimentos. Isso envolve rastrear e registrar as atividades e os fluxos de produtos, informações e fundos ao longo da cadeia, desde fornecedores até clientes finais. A visibilidade abrangente permite que as empresas identifiquem gargalos, ineficiências e riscos em sua cadeia de suprimentos, permitindo uma ação rápida e eficaz para solucionar problemas.

2. **Coordenação e sincronização**

Outro objetivo crucial das torres de controle é coordenar e sincronizar as atividades dentro da cadeia de suprimentos. Isso envolve a otimização dos fluxos de produtos e informações, garantindo que cada etapa seja realizada de forma eficiente e em sincronia com as demais. A coordenação efetiva reduz o tempo de ciclo, minimiza atrasos e melhora a eficiência geral da cadeia de suprimentos.

3. **Gerenciamento de exceções e ações corretivas**

As torres de controle são responsáveis por detectar e gerenciar a cadeia de suprimentos. Isso inclui situações inesperadas, como atrasos de fornecedores, material fora de temperatura, problemas de qualidade, continuidade na produção ou demanda imprevisível.

Ao identificar essas diferenças, as torres de controle podem acionar ações corretivas imediatas de forma automática, semiautomática ou manual, minimizando o impacto negativo e mantendo a continuidade das operações.

4. Tomada de decisões informadas

As torres de controle fornecem dados em tempo real e análises avançadas para auxiliar na tomada de decisões controladas. Isso inclui informações sobre desempenho da cadeia de suprimentos, indicadores-chave de desempenho (KPIs), tendências de demanda, níveis de estoque, capacidade de produção, entre outros. Com base nessas informações, as empresas podem tomar decisões estratégicas e operacionais mais acertadas, tais como: ajustar os níveis de estoque, realocar recursos ou modificar as rotas de transporte.

5. Colaboração e comunicação efetiva

As torres de controle também têm como objetivo facilitar a colaboração e a comunicação efetiva entre os diferentes *stakeholders* da cadeia de suprimentos. Isso envolve compartilhar informações relevantes, coordenar ações entre fornecedores, transportadoras, distribuidores e clientes, bem como garantir que todos os envolvidos estejam atentos aos objetivos e às metas da cadeia de suprimentos. Em suma, a colaboração efetiva permite uma maior agilidade na resposta às mudanças e uma melhor coordenação das atividades.

6. Melhoria contínua e inovação

Por fim, as torres de controle impulsionaram a melhoria contínua e a inovação na cadeia de suprimentos. Ao fornecer visibilidade e analisar abrangentes, elas identificam oportunidades de otimização, eficiência e redução de custos. Além disso, a implementação de tecnologias avançadas, como IoT, big data, IA e automação, pode levar a inovações na forma como a cadeia de suprimentos é gerenciada e operada.

> *"Os objetivos das torres de controle da cadeia de suprimentos são amplos e abrangentes, visando a melhorar a eficiência, a visibilidade e o desempenho geral das operações. Ao fornecer visibilidade em tempo real, coordenação eficaz, gerenciamento de recebidos, tomada de decisões controladas, colaboração e inovação, as torres de controle exercem um papel fundamental na transformação das cadeias de suprimentos modernos em cadeias ágeis, eficientes e resilientes."*
>
> (O autor)

3.3 ESTRUTURAS DAS TORRES DE CONTROLE

As torres de controle na gestão da cadeia de suprimentos são compostas por diferentes estruturas que desempenham um papel fundamental na implementação e operação eficaz desses sistemas. Essas estruturas fornecem a base necessária para que as torres de controle possam ser configuradas e identificadas com as necessidades específicas de cada organização.

Nesta seção, serão desenvolvidas algumas opções de estruturas comumente encontradas, que podem servir como referência para a implementação de uma torre de controle.

Estrutura hierárquica: nesta estrutura, a torre de controle é organizada em diferentes níveis hierárquicos, que abrangem desde o nível estratégico até o operacional. Cada nível é responsável por monitorar e controlar aspectos específicos da cadeia de suprimentos. Permite, ainda, uma melhor coordenação e sincronização entre as diferentes áreas funcionais da cadeia, uma visão ampla e integrada das operações. A estrutura precisa estar alinhada com a estratégia da empresa e capacidade de execução. Capgemini Consulting, em Global Supply Chain Control Towers (2017), cita mais detalhes do nível de controle em formato de hierárquica.

> **Estratégico:** fornece controle sobre o design da rede geral da cadeia de suprimentos.
>
> **Tático:** permite o planejamento proativo de compras, operações e distribuição de acordo com a demanda do mercado.
>
> **Operacional:** abrange várias funcionalidades em tempo real, incluindo gerenciamento de transporte, rastreamento de inventário e gerenciamento de exceções.

Estrutura modular: nesta estrutura, a torre de controle é composta por módulos independentes que se interconectam para formar o sistema completo. Cada módulo é responsável por uma função específica, como monitoramento de transporte, gerenciamento de estoques ou planejamento de demanda. Essa estrutura oferece flexibilidade e escalabilidade, permitindo a adaptação e expansão da torre de controle de acordo com as necessidades da organização.

Estrutura em rede: nesta estrutura, a torre de controle é baseada em uma rede de colaboração entre os diferentes participantes da cadeia de suprimentos. A referida estrutura facilita o compartilhamento de informações e o trabalho em conjunto, permitindo maior integração e sincronização das operações. A torre de controle atua como um ponto central de comunicação, facilitando a troca de dados e a colaboração entre fornecedores, fabricantes, distribuidores e clientes.

Estrutura de fluxo de informações: nesta estrutura, a torre de controle é projetada para gerenciar e controlar o fluxo de informações ao longo da cadeia de suprimentos. Ela garante que as informações corretas sejam coletadas, processadas e compartilhadas entre os diferentes parceiros da cadeia. Essa estrutura permite uma melhor visibilidade e rastreabilidade das operações, facilitando a tomada de decisões e o gerenciamento de eventos em tempo real.

Estrutura de processos: nesta estrutura, a torre de controle é organizada em torno dos principais processos da cadeia de suprimentos, como planejamento de demanda, gestão de estoques, transporte e atendimento ao cliente. Cada processo é monitorado e controlado de forma integrada, garantindo uma execução eficiente e determinada com os objetivos estratégicos da organização.

Essas são apenas algumas opções de estruturas que podem ser consideradas na implementação de uma TCCS. Cada organização deve avaliar suas necessidades específicas e escolher a estrutura mais adequada para seus objetivos e contexto.

É importante ressaltar que a escolha da estrutura certa é fundamental para o sucesso da torre de controle, pois afeta diretamente sua eficiência, integração e capacidade de resposta. A seguir, no Quadro 2, estão apresentadas opções de outros formatos de estruturas de torres de controle encontradas na literatura acadêmica.

Quadro 2 – Outros formatos de estruturas de torres de controle

AUTOR	ESTRUTURA
Trzuskawska-Grzesińska (2017)	1- Camada de percepção da cadeia de suprimentos; 2- Camada de negócios das cadeias de suprimentos; 3- Camadas de controle de operações de informações; 4- Plataforma de serviço de informação; 5- Camada de mão de obra de informação.
Handfield *et al.* (2020b)	Detecção e prevenção, resposta, alívio, recuperação, gerenciamento de dados.
Akben e Özel (2017)	1- Camada de negócios da cadeia de suprimentos; 2- Camada de percepção de informações; 3- Camada de controle de computação; 4- Camada de plataforma de serviço de informação; 5- Camada de força de trabalho de qualidade.
Shou-Wen, Ying e Yang-Hua (2013)	1-Camada de negócios da cadeia de suprimentos; 2-Camada de percepção de informações; 3-Camada de controle de operação da informação; 4-Camada de plataforma de serviço de informação; 5-Camada de mão de obra da informação.

AUTOR	ESTRUTURA
Geilgens (2021)	Apresenta a estrutura da torre de controle ofertada pela IBM: 1- Rede de negócios da cadeia de suprimentos; 2- Serviços de inteligência da cadeia de suprimentos; 3- Aplicativos da cadeia de suprimentos (gerenciamento de fornecedores, gerenciamento de estoque, gerenciamento de pedidos).

Fonte: o autor

Ao escolher a estrutura mais adequada para a torre de controle, é importante considerar os objetivos da organização, a complexidade da cadeia de suprimentos, as necessidades dos clientes e os recursos disponíveis. Cada estrutura possui suas vantagens e seus desafios, sendo fundamental adaptá-la às particularidades da empresa e ao contexto em que está inserida. Segue, na Figura 1, outra forma de olhar a estrutura das torres, com foco no potencial de otimização e nas oportunidades de controle.

Figura 1 – Potencial de otimização e os cinco ângulos de controle

Fornecimento Cruzado
Controle de Cadeia
(abrange várias cadeias de suprimentos)

Cadeia de mantimentos
Ao controle
(inclui clientes, fornecedores, terceiros)

Controle da empresa
(em mais sites)

Controle de localização
(por site/equipe)

Controle Pessoal
(cabine pessoal)

Amplitude de Controle

Potencial de Otimização e os
Cinco Ângulos de Controle

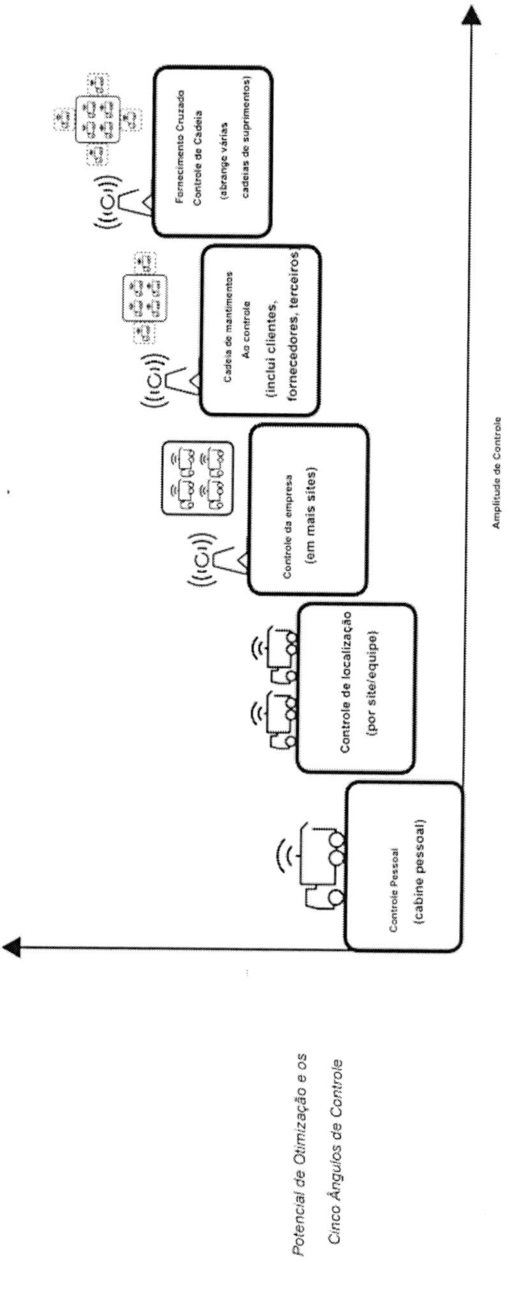

Fonte: adaptado de Ortec (2019, p. 5)

Além disso, é importante ressaltar que a estrutura das torres de controle pode evoluir ao longo do tempo, no decorrer de uma organização, adquirir mais maturidade em sua gestão da cadeia de suprimentos e novas tecnologias e práticas surgirem. É um processo contínuo de aprendizado e melhoria, em que as torres de controle estruturadas devem adaptar-se às mudanças e aos desafios do ambiente empresarial (Roque Júnior *et al.*, 2021).

É válido destacar que, no contexto brasileiro, a escolha da estrutura adequada para a torre de controle é ainda mais relevante, devido às características específicas do país. Como já mencionado, o Brasil possui um território vasto, com grandes distâncias a serem percorridas e desafios logísticos impressionantes. Além disso, as cadeias de suprimentos brasileiras envolvem, muitas vezes, múltiplos parceiros, sendo nacional ou internacional, como fornecedores, fabricantes, distribuidores e varejistas, tornando a coordenação e a integração ainda mais complexa.

No Brasil, algumas empresas já estão adotando torres de controle em suas cadeias de suprimentos, visando a otimizar processos, reduzir custos e aumentar a eficiência operacional. Essas torres de controle estão sendo integradas em diferentes setores, dentre eles, varejo, manufatura, alimentos e bebidas, entre outros. É importante ressaltar que a estrutura da torre de controle deve ser adaptada às necessidades e características específicas de cada empresa. Não há uma abordagem única que funcione para todas as organizações. Cada empresa deve avaliar suas particularidades, os recursos disponíveis e os objetivos estratégicos para definir a estrutura mais adequada.[5]

Em resumo, a estrutura das TCCS desempenha um papel fundamental no sucesso e na eficiência das operações. No contexto brasileiro, em que as cadeias de suprimentos enfrentam desafios logísticos complexos, a escolha da estrutura adequada é ainda mais relevante. Assim sendo, as empresas que adotam torres de

---

[5] No final deste livro, será apresentado um **capítulo com os *cases* brasileiros**.

controle bem-estruturadas podem obter uma visão integrada e em tempo real de suas operações, permitindo a tomada de decisões mais controladas e efetivas.

3.4 APLICAÇÃO DE TORRE DE CONTROLE DE CADEIA DE SUPRIMENTOS À LOGÍSTICA

A literatura aborda diversos termos para se referir à torre de controle, tais como: torre de controle da cadeia de suprimentos e torre de controle (Trzuskawska-Grzesińska, 2017). Além disso, são configurações dinâmicas distintas, dependendo da estratégia da organização. Dentre essas opções, a torre de controle logístico com foco em transporte é a mais mencionada, como indicado por Akben e Özel (2017), Liotine (2019) e Trzuskawska-Grzesińska (2017). Por outro lado, a TCCS busca uma visão mais ampla, levando em consideração transporte, estoque, compras, custos e outras operações de ponta a ponta. É importante destacar que as torres de controle podem ser implementadas e usadas por qualquer empresa e porte, de acordo com o seu objetivo.

Figura 2 – Torres de controle

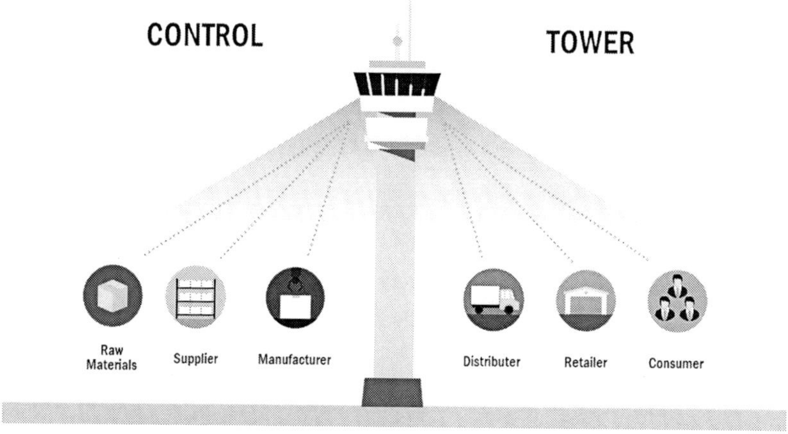

Fonte: adaptado de Zurron e Lima Júnior (2021)

Diferenciar as torres é fundamental. No Quadro 3, a seguir, há três modelos de torre e suas diferenças.

Quadro 3 – Aplicação de torres de controle

APLICAÇÃO DE TORRES DE CONTROLE	CAPACIDADES DE ANÁLISE	HABILIDADES OPERACIONAIS
Transporte	• Pedido no prazo; • Custo de transporte; • Desempenho do transportador ou entregador; • Ocorrências.	• Sequenciar, rastrear; • Gerenciamento de exceções em etapas de transporte relacionado a tempo; • Fornecimento de canhoto digital; • Otimização apenas para o transporte, como manutenção preventiva, ociosidade dos veículos • Remessa focada no pedido.
Cadeia de suprimentos	• Pedidos completos e pontuais; • Custo total para atender (custo de atividades, custo de transporte, custos de fornecedor etc. • Desempenho dos fornecedores, operadores logísticos e recursos internos • Ocorrências de ponta a ponta.	• Visibilidade ponta a ponta da cadeia de suprimentos, manufatura, distribuição, transporte etc.; • Gerenciamento de exceções em qualquer etapa da cadeia de suprimentos; • Otimização no transporte, capacidades internas e dinâmicas dos estoques, e nível de serviço; • Ordem de embarque e serviços.

APLICAÇÃO DE TORRES DE CONTROLE	CAPACIDADES DE ANÁLISE	HABILIDADES OPERACIONAIS
Comércio exterior	• Importações ou exportações no prazo; • Custos de importação ou exportação; • Qualificação dos fornecedores; • Avaliação de fornecedores; • Ocorrências.	• Visibilidade do processo do ponto de coleta ao destino; • Sequenciar, rastrear; • Gerenciamento de exceções em etapas de transporte relacionado a tempo; • Otimização apenas para o transporte; • Remessa focada no pedido; • Monitoramento de temperatura e geolocalização.

Fonte: adaptado de Zurron e Lima Júnior (2021)

Nesse sentido, é importante diferenciar os modelos de torre de controle para cadeias de suprimentos e para logística, ou, também, chamada de **torre de controle de transportes**, conforme Zurron e Lima Júnior (2021), a fim de realizar uma implantação adequada dentro das organizações ou do governo.

Por um lado, a **torre de controle logístico concentra-se, principalmente, no monitoramento e controle de atividades** relacionadas ao transporte e aos fretes de qualquer natureza, pode ser mais indicada nos casos em que a movimentação física de mercadorias é de extrema importância, como as empresas que atuam no varejo físico ou on-line, distribuidores como atacados regionais. Por outro, **a TCCS abrange um escopo mais amplo**, envolvendo diferentes áreas funcionais e processos interconectados, como clientes, armazém, fábricas dos fornecedores, transporte, estoque, logística reversa, máquinas, pessoas; é mais adequada quando há necessidade de uma visão holística e integrada da operação.

Cada modelo de torre de controle apresenta vantagens e desafios próprios. A torre de controle logístico, por exemplo, pode proporcionar uma gestão mais precisa e eficiente do transporte, agilidade de espera e otimização de rotas, digitalização dos processos, canhotos, monitoramento da frota, gerenciamento de problemas em tempo real, integração de tecnologias 4.0, indicadores-chave – como nível de serviço em tempo real, antecipação de fluxo de caixa –, uma vez que é possível comprovar a realização da entrega. Já a TCCS oferece uma visão mais ampla e integrada, permitindo uma melhor coordenação entre os diferentes elos da cadeia, identificação de gargalos e oportunidades de otimização, reduzindo o tempo de entrega de ponta a ponta.

Além disso, é válido ressaltar que a torre de controle pode ser integrada tanto no âmbito interno de uma organização quanto no contexto de colaboração com parceiros externos, como fornecedores e clientes. A escolha da abordagem adequada dependerá das características da cadeia de suprimentos e do relacionamento com os demais envolvidos e do nível de maturidade das empresas.

É importante destacar que a escolha entre os modelos de torre de controle depende das necessidades e dos objetivos específicos da organização. É necessário realizar uma análise detalhada dos processos, recursos disponíveis, características da cadeia de suprimentos e metas estratégicas antes de tomar uma decisão. A torre de controle escolhida deve ser capaz de fornecer uma visão abrangente e integrada da operação, facilitando a tomada de decisões embasadas e a implementação de melhorias na cadeia de suprimentos ou logística. A Figura 3 apresenta exemplos de torres.

Figura 3 – Exemplos de torres

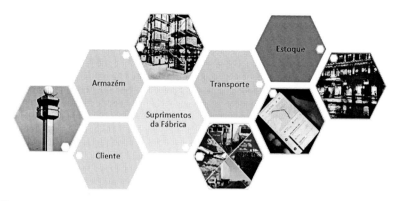

Fonte: o autor

3.5 FUNÇÕES DE UMA TORRE DE CONTROLE

A TCCS desempenha diversas funções fundamentais para o gerenciamento eficiente e integrado das operações. A seguir, no Quadro 4, seguem essas funções e sua descrição:

Quadro 4 – Funções e descrições de uma torre de controle

FUNÇÃO	DESCRIÇÃO
Design de operações ou tomada decisão estratégica	Envolva o planejamento e a definição das atividades e dos processos operacionais da cadeia de suprimentos. Nessa função, a torre de controle auxilia na definição de estratégias, na elaboração de planos, na definição de metas e indicadores de desempenho e na modelagem de cenários.
Planejamento e roteirização	Refere-se ao planejamento logístico da cadeia de suprimentos, incluindo a roteirização de transportes, a gestão de estoques, o sequenciamento de pedidos, entre outros aspectos. A torre de controle auxilia nessa função, otimizando o planejamento e a alocação de recursos, visando à redução de custos e ao aumento da eficiência.

FUNÇÃO	DESCRIÇÃO
Execução - gerenciamento de desvios	Durante a execução das operações, podem ocorrer desvios ou imprevistos que realizaram o desempenho da cadeia de suprimentos. Nessa função, a torre de controle atua no monitoramento contínuo das operações, identificando desvios em relação ao planejado e tomando ações corretivas de forma ágil e eficiente.
Execução - auditórios de serviços	Consiste na auditoria e no controle da qualidade dos serviços prestados ao longo da cadeia de suprimentos. A torre de controle realiza o acompanhamento e a análise dos processos operacionais, verificando se os padrões e requisitos estão sendo atendidos pelos fornecedores e demais parceiros da cadeia.
Controle / Relatório	Essa função envolve o controle e a geração de relatório sobre o desempenho da cadeia de suprimentos. A torre de controle coleta e analisa dados, métricas e indicadores de desempenho, fornecendo informações atualizadas e precisas para a tomada de decisões estratégicas.

Fonte: adaptado de Global Supply Chain Control Towers (2017)

Essas funções são essenciais para o bom funcionamento da TCCS. Elas permitem uma gestão mais eficiente, ágil e integrada das operações, proporcionando a identificação de oportunidades de melhoria, a antecipação de problemas e a maximização do desempenho da cadeia. A torres de controle precisam ter a capacidade de responder a algumas questões sobre interrupções típicas dos processos de cadeia de suprimentos. O Quadro 5 cita algumas dessas situações típicas que podem por meio de indicadores, alertas KPIs e os setores que demandam essas respostas. Os exemplos citados são exemplos de como a torre de controle precisa usar os pilares pessoas, processos e sistemas para atender às necessidades das empresas frente à estratégia (Global..., 2017).

Para tanto, é necessário destacar a importância dos pilares, às vezes claros, porém muito esquecidos:

- **Pessoas:** fornece *expertise* para planejamento, execução e otimização de movimentos de produtos;
- **Processo:** processos harmonizados para gerenciar funções da torre de controle;
- **Sistemas ou tecnologias:** repositório de informação com análise de dados e funcionalidades de apoio à decisão.

> *"O papel do time de controle da torre é <u>VEJA</u>, <u>DECIDA</u> e <u>AJA</u>, prevenindo interrupções na cadeia de suprimentos."*
>
> (O autor)

Quadro 5 – Setores da torre e exemplos de interrupções na cadeia de suprimentos

SETORES CLIENTE DA TORRE	RUPTURA/ IMPACTO	QUESTÕES RELEVANTES
Venda	Queda nas vendas ou na demanda.	Como isso afetará nosso inventário e as previsões de produção? Precisamos ajustar nossas estratégias de marketing ou de preços?
Venda	Aumento repentino na demanda ou nas vendas.	Temos capacidade de produção e estoque suficientes para atender a essa demanda? Precisamos repensar nossas previsões de vendas ou estratégias de produção?
Venda	Problemas com a plataforma de vendas on-line.	Como isso afetará nossa capacidade de vender produtos? Quanto tempo levará para resolver o problema e quais são as alternativas enquanto isso?
Logística	A chegada dos veículos está atrasada.	Quais unidades de manutenção de estoque ficarão abaixo do estoque de segurança? Quais não terão estoque?
Logística	A chegada dos veículos está atrasada.	Quais rotas serão afetadas?
Logística	A chegada dos veículos está atrasada.	Quais pedidos atuais serão afetados?

SETORES CLIENTE DA TORRE	RUPTURA/ IMPACTO	QUESTÕES RELEVANTES
Produção	Há um problema de controle de qualidade em um lote.	Quais pedidos atuais serão afetados? Quais produtos acabados sofrerão escassez?
	Há uma falha na máquina da fábrica.	Quais pedidos atuais serão afetados? Quais produtos acabados enfrentarão escassez?
Suprimentos	A matéria-prima/ insumo crítico está atrasada(o).	Quais pedidos atuais serão impactados? Quais produtos acabados podem enfrentar escassez?
	Há uma ordem/ um pedido urgente.	O fornecedor consegue atender aos requisitos de urgência?
Armazenamento	Há uma restrição de espaço no armazém.	Quais recebimentos/envios serão afetados?
	Os lotes estão perto do vencimento.	É possível implementar algumas promoções para liquidar os produtos próximos do vencimento?
Financeiro	Aumento inesperado nos custos de matéria-prima ou de produção.	Como isso afetará nosso fluxo de caixa e nossa capacidade de cumprir as obrigações financeiras atuais? Precisamos reavaliar nossos termos de crédito ou nossas práticas de cobrança?
	Atraso no pagamento de clientes.	Como isso afetará nossa lucratividade e nossos preços de venda? Podemos negociar melhores condições com nossos fornecedores ou procurar alternativas mais baratas?
	Flutuações inesperadas no câmbio.	Como essas flutuações afetarão nossos custos e lucros? Precisamos ajustar nossos preços ou nossas estratégias de compra?

Fonte: o autor

As torres de controle desempenham uma função cada vez mais importante na gestão da cadeia de suprimentos, especialmente à luz das complexidades e incertezas crescentes que caracterizam o ambiente de negócios atual. Com a capacidade de integrar e harmonizar dados de várias fontes, elas proporcionam visibilidade em tempo real e *end-to-end* da cadeia de suprimentos, permitindo uma tomada de decisão mais informada, ágil e proativa.

As interrupções na cadeia de suprimentos podem ocorrer em várias áreas, desde logística e produção até aquisição, armazenamento, finanças e vendas. O Quadro 5 ilustra exemplos típicos de interrupções em cada uma dessas áreas, bem como as questões relevantes que surgem em cada caso. Por exemplo, um atraso na chegada de veículos pode levar a uma escassez de determinados produtos, afetando os pedidos existentes e, potencialmente, levando a um serviço de atendimento ao cliente insatisfatório. Da mesma forma, problemas com o controle de qualidade ou falhas de máquinas podem levar a atrasos na produção e, consequentemente, a uma escassez de produtos acabados.

As torres de controle têm o potencial de mitigar esses e outros desafios, ao fornecer visibilidade e controle em tempo real da cadeia de suprimentos. Por exemplo, se uma matéria-prima crucial estiver atrasada, a torre de controle pode alertar os gestores sobre o problema em tempo real, permitindo-lhes tomar medidas corretivas antes que a produção seja seriamente afetada. Da mesma forma, se houver uma ordem urgente, a torre de controle pode ajudar a determinar se o fornecedor é capaz de atender aos requisitos de matéria-prima, ajudando a evitar atrasos na produção e na entrega.

Além disso, as torres de controle também podem ajudar a gerenciar questões relacionadas ao armazenamento. Por exemplo, se houver uma restrição de espaço no armazém, a torre de controle pode ajudar a identificar quais remessas serão afetadas, possibilitando que os gestores tomem decisões informadas sobre como gerenciar o espaço disponível de forma mais eficaz. Da mesma forma, se os lotes estiverem perto do vencimento, a torre de controle pode ajudar a identificar oportunidades para implementar promoções e liquidar esses produtos antes que eles expirem.

No setor financeiro, as torres de controle podem ajudar a gerenciar flutuações inesperadas no câmbio, atrasos no pagamento de clientes e aumentos inesperados nos custos de matéria-prima ou de produção. Ao fornecer visibilidade em tempo real dessas questões, elas permitem que os gestores tomem decisões informadas que podem proteger a saúde financeira da empresa.

Finalmente, no setor de vendas, as torres de controle podem ajudar a gerenciar quedas ou aumentos na demanda, bem como mudanças no comportamento ou preferências do cliente. Ao fornecer insights em tempo real sobre essas questões, elas possibilitam que os gestores ajustem suas estratégias de vendas e marketing conforme necessidade para maximizar as vendas e a satisfação do cliente.

INSIGHTS DO MERCADO GLOBAL DE TORRES DE CONTROLE

Espera-se que o mercado global de torres de controle cresça a uma taxa composta de crescimento anual de 21,3%, de 2023 a 2030, e atinja US$ 32,14 bilhões até 2030. O segmento de torres de controle operacional é o principal foco do mercado e representa 80% da maior fatia, sendo foco de 54% em cadeias de suprimentos e o restante em transporte. Os principais segmentos a fazerem uso são: automotivo, com 26%, químico, saúde e farmacêutico, informática e tecnologia, varejo e bens de consumo aerospacial e defesa. Tal investimento das empresas é direcionado devido aos alertas, exceções, times de prontidão para resolver problemas em tempo real. Essa visibilidade era uma carência antiga e ainda não está plenamente atendida nas cadeias de suprimentos globais. As torres operacionais são mais fáceis de implementação e rápidas, se comparadas às torres analíticas. Muitas das empresas atuantes em torres operacionais usam sistema *plug-and-play* para trazer resultados rápidos para as empresas que estão saindo do papel ou das planilhas de Excel para uma visão integrada.

Os principais fatores que impulsionam o crescimento do mercado de torres de controle são a crescente adoção de big data e análises em tempo real e a necessidade de melhorar a eficiência operacional e da cadeia de suprimentos.

> O mercado regional da América do Norte dominou em 2022 e respondeu por uma participação de receita de mais de 39,27%, já que vários fornecedores de soluções de torre de controle estão concentrados na região. A adoção de torres de controle na América do Norte está em ascensão à medida que as organizações buscam análises eficientes e eficazes de seus dados da cadeia de suprimentos.
>
> No setor de varejo, as empresas estão adotando torres de controle para mitigar o impacto da intensa concorrência e da escalada dos custos operacionais. As principais empresas proeminentes estão empregando estratégias como parcerias para aumentar suas ofertas de produtos e oferecer soluções aprimoradas para seus clientes.
>
> Ao alavancar parcerias estratégicas, eles[6] podem aproveitar conhecimentos e recursos complementares para aprimorar ainda mais as capacidades e os recursos de suas torres de controle. Os principais participantes do mercado também estão lançando controles proativos para torres de controle que permitem que as organizações aumentem a eficiência operacional e criem ambientes de trabalho aprimorados.
>
> Alguns jogadores proeminentes no mercado global de torre de controle incluem: Blue Yonder Group, Inc, E2open, LLC, Elementum, Infor, Kinaxis, Llamasoft, One Network Enterprises, PearlChain, SAP, Viewlocity Technologies Pty Ltd., Aws Amazon, IBM, Coupa Software Inc, One Network Enterprises. ORTEC, Viewlocity Technologies Pty Ltd.

Fonte: adaptado de Verified Market Reports (2023).

Em suma, as torres de controle desempenham função crucial na gestão eficaz da cadeia de suprimentos, fornecendo visibilidade e controle em tempo real de várias áreas críticas. Ao permitir uma tomada de decisão mais informada, ágil e proativa, elas ajudam as empresas a mitigarem as interrupções, aprimorarem a eficiência e a resiliência da cadeia de suprimentos, e, finalmente, melhorarem o atendimento ao cliente e a lucratividade.

Tanto as torres de controle analíticas quanto as operacionais são ferramentas indispensáveis para as empresas na era digital, permitindo uma gestão mais eficaz, eficiente e adaptativa das cadeias

---

[6] Para mais informações, acesse a página: https://www.verifiedmarketreports.com/pt/product/supply-chain-control-tower-market/. Acesso em: 28 set. 2024.

de suprimentos. A torres de controle podem ser categorizadas em duas grandes áreas: analítica e operacional. A configuração das torres dependerá da estratégia de cada empresa.

Quadro 6 – Tipos de torres analíticas e operacionais

TORRES DE CONTROLE ANALÍTICAS	TORRES DE CONTROLE OPERACIONAIS
Essas torres estão focadas na consolidação, depuração e visualização de dados para fins diversos. Uma torre de controle analítica tem a capacidade de fornecer insights valiosos, que auxiliam os processos tradicionais de planejamento, em curto, médio e longo prazos, pois fornece uma visão sistêmica da operação, da sua capacidade e do seu desempenho. Dependendo do nível de granularidade e instantaneidade com que capturam e processam as informações utilizadas, podem ter a capacidade de monitoramento de eventos, acompanhamento de viagens, pedidos, estoques, produtividade e *performance*, em geral, e, a partir daí, detectam tempestivamente as necessidades de intervenções e ajustes. Quando possuem a abrangência de atuação expandida (abrangência interna *cross*-funcional ou externa), têm a possibilidade de prover visibilidade *end-to-end* da *supply chain* e, assim, gerar mais sincronismo nas operações e previsibilidade aos clientes.	As torres de controle operacionais acumulam as capacitações das torres analíticas, mas possuem, adicionalmente, a capacidade de ação efetiva para direcionar, alterar e repriorizar os esforços na *supply chain*. Existe uma miríade de variações sobre como são estruturadas e de objetivos a que servem essas torres. Para fins esquemáticos, estão descritos, a seguir, três importantes capacitações que se relacionam a estágios de maturidade das torres de controle operacionais e que representam características desejáveis, tendo grande influência no desempenho da operação. Essas capacitações têm sido facilitadas e impulsionadas pelas novas tecnologias digitais, e, obviamente, a sua aplicação e nível de sofisticação das tecnologias que emprega dependerão da pertinência em relação ao contexto em que se inserem.

Fonte: o autor

É importante destacar que as funções da torre de controle podem variar de acordo com as necessidades e particularidades de cada organização. Além disso, a tecnologia desempenha um papel fundamental no suporte e na execução dessas funções, por meio de sistemas integrados, softwares de gestão e plataformas de compartilhamento de informações, processos e pessoas qualificadas.[7]

> **O que é SaaS (*Software as a Service*)**
>
> "Software como serviço" (*Software as a Service* - SaaS) é um modelo de entrega de software em que o provedor de nuvem desenvolve e mantém software de aplicação em nuvem, fornece atualizações automáticas e disponibiliza software para seus clientes por meio da internet em um pagamento conforme o uso. O provedor de nuvem pública gerencia todo o hardware e software tradicional, incluindo middleware, software de aplicação e segurança. Assim, os clientes de SaaS podem reduzir drasticamente os custos; implementar, dimensionar e atualizar soluções de negócios mais rapidamente do que manter sistemas e software *on-premises* e prever o custo total de propriedade com maior precisão.[8]

3.6 TORRES *PLUG-AND-PLAY*

A existência de torres de controle *plug-and-play* é uma questão importante a ser considerada ao discutir o tema. O conceito de "torre de controle" pode ser ambíguo e ter significados diferentes para diferentes pessoas, o que apresenta um desafio em relação à sua configuração e implementação planejada.

As plataformas digitais são sugeridas como uma solução para melhorar a visibilidade na cadeia de suprimentos fragmentada. No entanto, há uma falta de compreensão compartilhada de como implementar e operacionalizar a visibilidade em tempo real. É importante ressaltar que não há requisitos ou expectativas restritas e obrigatórias para a configuração de uma torre de controle.

---

[7] Mais informações para:
- Participação de mercado da TCCS até 2028, consultar: emergenresearch.com;
- Tamanho do mercado torre de controle, participação e relatório de crescimento, 2030, consultar: grandviewresearch.com;
- Relatório de mercado torres de controle para compartilhar a taxa de crescimento estimada a partir de 2028, consultar: researchdive.com.

[8] Para mais informações, acesse a página: https://www.oracle.com/br/applications/what-is-saas/dummies/.

A simples presença de um software com recursos básicos, como monitoramento, rastreamento, telemetria e alguns indicadores de desempenho logístico, não é suficiente para cumprir o papel de uma verdadeira TCCS. Porém, há casos e casos, e, por isso, deve-se sempre levar em consideração a dor das empresas e dos clientes e buscar soluções que possam contribuir para resolver o problema da operação dentro do orçamento disponível.

Existe no mercado torres *plug-and-play*, que operam em modalidade SaaS, ajudando a reduzir muitos os custos e tempo de implantação e operação de uma torre e conseguindo levar empresas de pequeno e médio porte a uma evolução grande em termo de operação e digitalização. Isso acontece devido à baixa visibilidade da cadeia de suprimentos, baixa produtividade, falta de mão de obra qualificada, baixa maturidade de processo, em muitos casos, sem estrutura.

A visibilidade é algo muito claro para torres de controle, mas é preciso considerar as necessidades dos clientes na cadeia de suprimentos, em que torres de controle conseguem gerar valor por meio da orquestração da resposta inteligente e execução em toda a cadeia de suprimentos, sendo necessário que as empresas identifiquem casos de uso específicos que gerem valor para o negócio.

Esses casos de uso são habilitados por recursos fundamentais da torre de controle, incluindo visibilidade completa, alertas preditivos, modelagem digital de cenários e execução operacional automatizada. Quando combinados, esses recursos permitem que a TCCS antecipe desafios e responda rapidamente, otimizando a execução da rede de suprimentos.

Uma torre de controle efetiva e funcional requer muito mais do que apenas ferramentas tecnológicas. Ela envolve a integração de sistemas, processos, pessoas e informações em tempo real, permitindo uma visão holística e integrada das operações da logística ou da cadeia de suprimentos. A verdadeira torre de controle vai além do monitoramento básico e envolve funções como planejamento, coordenação, tomada de decisões e ações corretivas em tempo real – se não for em tempo real, estamos olhando os dados pelo retrovisor. Com isso em mente, ao escolher uma solução, é preciso analisar os pilares das torres de controle, **pessoas, processos e sistemas**. Essa integração bem alinhada fará com que soluções escolhidas sendo customizadas ou *plug-and-play* possam contribuir para a estratégia da organização.

Ao longo deste livro, vamos aprofundar nosso entendimento sobre o conceito de torre de controle, explorando suas diversas dimensões e características essenciais. Discutiremos os elementos-chave que compõem uma torre de controle efetiva, como a integração de sistemas, a colaboração entre os participantes da cadeia, a visibilidade completa das operações e a capacidade de resposta ágil a eventos e desvios. Compreender o conceito de torre de controle em sua plenitude é fundamental para evitar armadilhas e armazenar expectativas equivocadas.

À medida que se avança neste livro, vamos aprofundar nesse conceito e explorar as melhores práticas e abordagens para a implementação bem-sucedida de uma TCCS.

3.7 FOCOS DAS TORRES *INBOUND*, INTERNO E *OUTBOUND*

As TCCS podem ter diferentes focos e perspectivas, dependendo das necessidades e características da organização.

Shamroukh (2021) apresenta alguns elementos-chave, como identificar e priorizar os objetivos de negócios, analisar e desenvolver estratégias de respostas, design e implantação, que permitem à tecnologia cognitiva e melhoria contínua da cadeia de suprimentos. Tais elementos precisam ser considerados para poder escolher o tipo de torre de controle que a empresa precisará e o foco que será dado.

Uma das perspectivas importantes é o *inbound*, que se refere às atividades relacionadas ao fluxo de entrada de materiais e componentes na cadeia de suprimentos. O *inbound* é uma área crítica na cadeia de suprimentos, pois envolve a gestão de fornecedores, compras, transporte e recebimento de materiais. Uma torre de controle com foco no *inbound* tem como objetivo principal monitorar e gerenciar todas as atividades relacionadas ao fluxo de entrada de materiais, garantindo a eficiência e a sincronização das operações.

Ao adotar uma perspectiva do *inbound*, a torre de controle pode exercer diversas funções específicas, tais como:

- **monitoramento de fornecedores**: a torre de controle acompanha o desempenho dos fornecedores em termos de qualidade, prazo de entrega, conformidade e outros indicadores relevantes. Isso permite identificar possíveis problemas ou desvios e tomar medidas corretivas rapidamente;
- **gestão de pedidos e compras**: a torre de controle coordena e controla o processo de emissão de pedidos, negociação de contratos, gestão de estoques e programação de compras. Ela garante que os materiais sejam adquiridos no momento adequado, em consumo correto e de acordo com os padrões de qualidade;
- **rastreamento de remessas**: a torre de controle monitora o transporte e rastreia as remessas de materiais desde o fornecedor até o local de recebimento. Isso garante visibilidade e controle sobre o *status* das entregas, permitindo antecipar possíveis atrasos ou problemas logísticos;
- **recebimento e confirmação de materiais**: a torre de controle coordena o processo de recebimento e confirmação dos materiais, verificando se está de acordo com as especificações, a qualidade e o volume acordados. Ela garante que os materiais sejam recebidos, registrando informações importantes para a gestão da cadeia de suprimentos;
- **planejamento e sincronização de atividades**: a torre de controle planeja e coordena as atividades relacionadas ao *inbound*, buscando otimizar o fluxo de materiais e

sincronização com as operações internas da organização. Isso inclui o acompanhamento com a produção, gestão de estoques e programação de atividades de recebimento.

A perspectiva do *inbound* em uma torre de controle permite uma gestão mais eficiente e integrada das atividades relacionadas ao fluxo de entrada de materiais. Ela ajuda a reduzir o tempo de ciclo, minimizar os custos logísticos, evitar faltas de estoque e melhorar o atendimento ao cliente.

Agora, vamos explorar a perspectiva do *outbound* nas TCCS. O *outbound* se refere às atividades relacionadas ao fluxo de saída de produtos acabados ou serviços da organização para os clientes.

Uma torre de controle com foco no *outbound* tem como objetivo principal monitorar e gerenciar todas as etapas do processo de distribuição e entrega dos produtos, garantindo a eficiência, a pontualidade e a satisfação do cliente. Essa perspectiva é especialmente importante para empresas que lidam com grandes volumes de produtos e possuem uma cadeia de suprimentos complexa.

Ao adotar uma perspectiva do *outbound*, a torre de controle desempenha várias funções específicas, tais como:

- **gestão de pedidos e atendimento ao cliente**: a torre de controle coordena e controla o processo de recebimento e processamento de pedidos dos clientes. Garante que os pedidos sejam atendidos corretamente, verificando a disponibilidade de estoque, programando a produção, gerenciando o *picking* e embalagem dos produtos;
- **gestão de estoques e armazenagem**: a torre de controle monitora os níveis de estoque, o fluxo de produtos e a armazenagem nos centros de distribuição. Busca otimizar a gestão de estoques, evitar faltas e excessos, garantir a rotatividade correta dos produtos e reduzir os custos relacionados ao armazenamento;

- **planejamento de rotas e transporte:** a torre de controle planeja as rotas de entrega, considerando a localização dos clientes, os prazos acordados e as restrições logísticas. Otimiza o transporte, buscando reduzir os custos de frete, melhorar a eficiência das entregas e minimizar os tempos de trânsito;

- **rastreamento e monitoramento de entregas:** a torre de controle acompanha e rastreia as entregas em tempo real, garantindo visibilidade e controle sobre o status e localização dos produtos. Isso permite que uma organização esteja ciente de atrasos ou problemas e tome ações corretivas para garantir a entrega no prazo;

- **atendimento pós-venda e gestão de devoluções:** a torre de controle gerencia o atendimento pós-venda, lida com recebimento de trocas, devoluções ou reclamações dos clientes e busca garantir a satisfação do cliente, solucionar problemas de forma ágil e manter um relacionamento de confiança com os clientes.

A perspectiva do *outbound* em uma torre de controle possibilita uma gestão eficiente e integrada das atividades relacionadas ao fluxo de saída dos produtos. Ela ajuda a garantir a pontualidade das entregas, minimizar erros e problemas, aumentar a satisfação do cliente e fortalecer a confiança da organização.

> Agora que conhecemos mais sobre o modelo *outbound*, vamos a um pequeno estudo de caso. Wycislak (2022), em sua pesquisa, trouxe à tona um ponto pouco explorado, mas extremamente relevante em diversos segmentos: as tensões entre torres de controle, intermediários, transportadoras e entregadores e o impacto dessas tensões nas remessas. A interação entre empresas, integradores e transportadoras, dependendo de sua influência no processo, pode levar a problemas que comprometem a rastreabilidade eficaz das entregas aos consumidores.
>
> Dentre os problemas identificados, destacam-se a falta de smartphones corporativos para motoristas, dificuldades de conectividade entre sistemas, preocupações com a privacidade e qualidade dos dados, e resistência ao compartilhamento de informações por receios relacionados à privacidade. Além disso, muitos participantes perceberam que os custos e esforços necessários para implementar o rastreamento em tempo real não justificavam os benefícios obtidos.

> A realização de testes com diferentes plataformas de visibilidade em tempo real mostrou resultados variados, com as taxas de conformidade de rastreamento variando significativamente entre transportadoras próprias e subcontratadas. Houve, também, tensões entre as diferentes partes interessadas envolvidas no processo, especialmente no que diz respeito ao compartilhamento de informações e aos custos de governança.
>
> Assim, a ausência de recursos tecnológicos, o estresse entre os participantes da plataforma e a disposição dos parceiros e fornecedores em participar de uma plataforma afetam significativamente a implementação e eficácia das soluções de visibilidade em tempo real. Os achados dessa pesquisa são valiosos, oferecendo um novo olhar sobre o processo de implantação das torres de controle e destacando o desafio de buscar oportunidades de colaboração e sinergias, além de abordar questões de *compliance* e *trade-offs* inerentes a esse tipo de implementação.

Vamos agora direcionar nossa atenção para a perspectiva de uma torre de controle com foco exclusivamente interno. Essa abordagem visa a otimizar e monitorar as atividades e os processos internos da organização, a fim de melhorar a eficiência, a produtividade e o desempenho geral da cadeia de suprimentos.

Uma torre de controle interno tem como objetivo principal garantir a sincronização e integração das operações internas, buscando a máxima eficiência e redução de desperdícios. Dessa forma, atua como um centro de controle para monitorar e gerenciar as atividades que ocorrem dentro da organização.

A perspectiva interna da torre de controle envolve diversas funções e processos-chave, incluindo:

- **planejamento e programação da produção**: a torre de controle interno coordena o planejamento e a programação da produção, garantindo que a capacidade de produção seja atendida com a demanda dos clientes. Monitora os fluxos de trabalho, a disponibilidade de recursos e os tempos de produção para otimizar o uso dos recursos e minimizar os tempos ociosos;

- **gestão de estoques e inventário:** a torre de controle interno monitora e gerencia os níveis de estoque e inventário, garantindo o equilíbrio entre a disponibilidade de materiais e produtos e a minimização dos custos de armazenamento. Utiliza técnicas de previsão de demanda, análise de estoques e métodos de otimização para otimizar a gestão de estoques;
- **controle de qualidade e garantia:** a torre de controle interna estabelece e monitora os padrões de qualidade, garantindo que os produtos e serviços atendam às especificações e aos requisitos estabelecidos. Implementa processos de controle de qualidade, inspeções e testes para garantir a conformidade e a melhoria contínua dos produtos;
- **melhoria contínua e otimização de processos:** a torre de controle interno busca continuamente identificar oportunidades de melhoria e otimização dos processos internos. Utiliza ferramentas e metodologias, como Lean Six Sigma e Kaizen, para eliminar desperdícios, reduzir tempos de ciclo e aprimorar a eficiência operacional;
- **gestão de recursos e capacidade:** a torre de controle interna acompanha e gerencia os recursos disponíveis, incluindo mão de obra, equipamentos e infraestrutura. Ela assegura a alocação adequada de recursos, garantindo a capacidade necessária para atender à demanda de forma eficiente e cumprir os prazos prolongados.

Ao adotar uma perspectiva interna da torre de controle, as organizações podem otimizar as operações internas, reduzir os custos, melhorar a qualidade e aumentar a produtividade produtiva. Essa abordagem possibilita maiores visibilidade e controle sobre as atividades internas, facilitando a tomada de decisões estratégicas e a implementação de ações corretivas e preventivas.

No tópico a seguir, serão exploradas as melhores práticas e estratégias para aprimorar as operações, utilizando, para tanto, as três opções de foco para alcançar a excelência operacional na cadeia de suprimentos.

3.8 OPORTUNIDADES E DESAFIOS NA IMPLEMENTAÇÃO DE TORRES DE CONTROLE NA CADEIA DE SUPRIMENTOS

> *"Visibilidade em tempo real na cadeia de suprimentos pode trazer benefícios emocionantes, mas sua implementação é desafiadora devido a vários fatores inter-relacionados, incluindo categorias individuais, organizacionais, tecnológicas e ambientais."*
>
> (O autor)

Neste subcapítulo, examinaremos as oportunidades e os desafios envolvidos na implementação de TCCS. As torres de controle oferecem uma visão abrangente e integrada das operações, proporcionando maior controle e otimização dos processos. Abordaremos as oportunidades, como a melhoria da visibilidade, a otimização da cadeia de suprimentos e a capacidade de resposta ágil, além dos desafios, como a integração de sistemas, a qualidade dos dados e a mudança cultural.

Ao compreender esses aspectos, as organizações estarão protegidas para uma implementação bem-sucedida, maximizando os benefícios das torres de controle. Na literatura, encontramos, conforme mostrado no Quadro 7, algumas oportunidades e desafios.

Quadro 7 – Oportunidades e desafios das torres de controle

AUTOR/ ANO	OPORTUNIDADES	DESAFIOS
Karkula (2018)	Transparência, integração, automação, previsão, flexibilidade do sistema, capacidade de gestão flexível, pontualidade.	Equipe altamente qualificada e com experiência apropriadas as ferramentas.

AUTOR/ANO	OPORTUNIDADES	DESAFIOS
Dybskaya e Sergeev (2019)	Visibilidade ponta a ponta à automação avançada de controle e gerenciamento.	A visibilidade limitada da gestão da cadeia de suprimentos, simples suporte a tomada de decisão com alertas muitas vezes defasado, planejamento centralizado sem execução de alterações em tempo real, falta escalabilidade e difícil integração de sistemas de TI e dificultando a reutilização de conexões existentes com parceiros.
Trzuskawska-Grzesińska (2017)	Traz valor agregado para operação, estrutura dedicada, monitoramento de processos, medição, avaliação, ações corretivas e preventivas	Equipes, processos dedicados, infraestrutura e sistemas de apoio customizados.
Pan, Dresner e Xie (2019)	Melhora a capacidade de integração.	Um desempenho operacional superior não está associado a implementação de recursos de SI abrangentes como as torres de controle.
Akben e Özel (2017)	Satisfação dos clientes, tomada de decisão, redução de custos, proteção, desenvolvimento.	Visibilidade limitada, suporte à decisão não atualizado, execução multiplanejada descentralizada, não escalável, os links dos parceiros comerciais não são reutilizáveis e alto custo das tecnologias de informação destinadas ao projeto.

AUTOR/ANO	OPORTUNIDADES	DESAFIOS
Liotine (2019)	Tecnologias como a IA podem desempenhar um papel valioso em processos de tomada de decisão em um ambiente de torre de controle.	Limitações em tecnologia, como serialização, podem impactar na visibilidade do CT. Como as informações são uniformes, flui em um ambiente altamente integrado aos dados. Há falta de algum nível de regulamentação ou governança, que é desejável para regular a interação e evitar conflitos de interesse.
Tsertou *et al.* (2016)	Podem ser implementados em diferentes arquiteturas, como em locais centralizados para muitos clientes de forma compartilhada, dedicado no local ou remoto para um cliente específico.	Requer conhecimento de aplicações e recursos de tecnologia de software de alto valor agregado.
Handfield *et al.* (2020a)	Necessidade de contratação e retenção dos melhores talentos para desenvolvimento e operação da torre de controle.	Manutenção de uma estrutura em local com disponibilidade de contratação e retenção de mão de obra qualificada; em tais locais os custos são mais elevados.
Kumar *et al.* (2023)	Visibilidade, modelagem de cenários, redes focadas nos clientes, sustentáveis, ágil, resilientes, níveis de serviço e experiências personalizadas a cada tipo de cliente.	

Fonte: o autor

Explorando o que encontramos na literatura e com a prática encontrada no mercado, destacamos as seguintes oportunidades:

- **visibilidade e controle aprimorados:** uma torre de controle oferece às organizações uma visibilidade clara e abrangente de suas operações de ponta a ponta. É possível estabelecer essa visibilidade, correlacionando dados de sistemas isolados com informações de eventos externos. Isso fornece insights acionáveis sobre possíveis painéis externos em painéis personalizados, permitindo que você gerencie as características de forma eficaz, possibilitando um maior controle sobre os processos da cadeia de suprimentos. Isso facilita a identificação de gargalos, a aplicação de ações corretivas rápidas e capacita a antecipação de problemas antes que eles se tornem críticos;

- **otimização da cadeia de suprimentos:** ao centralizar e integrar as informações e atividades da cadeia de suprimentos, as torres de controle facilitam a otimização de processos, reduzem custos e melhoram a eficiência operacional. Elas permitem a identificação de oportunidades de melhoria, eliminação de perdas e tomada de decisões embasadas em dados precisos e atualizados, que podem ser complementadas por análise preditiva, análise prescritiva e análise cognitiva, geradas por IA;

- **maior agilidade e capacidade de resposta:** com uma torre de controle, as organizações podem responder mais rapidamente às mudanças nas demandas dos clientes, a flutuações no mercado ou a eventos imprevistos. Além disso, as torres de controle oferecem suporte à decisão preditiva e de prescrição. Com alertas inteligentes com níveis de gravidade e insights em tempo real, análise de otimização, análise de causa raiz, é possível prever melhor como continuar e aprimorar a resiliência da cadeia de suprimentos. Isso ajuda a entender o impacto dos eventos nos clientes e priorizar a resposta de forma adequada, ágil e eficaz, garantindo a continuidade dos fluxos de suprimentos e a satisfação do cliente.

> **Quais eventos exigem alertas?**
> Existe uma infinidade de alertas conforme cada tipo de cadeia de suprimentos, logística, segmento. Seguem alguns tipos de alertas mais comuns:
> - atrasos de expedição, contêiner, caminhão, navio, vagão ferroviário etc.
> - tempo de permanência excessivo;
> - temperatura fora da faixa;
> - falta de estoque;
> - acesso não autorizado;
> - acurácia de inventário;
> - alertas personalizáveis e de fácil configuração.

Explorando o que encontramos na literatura e com a prática encontrada no mercado, destacamos os seguintes desafios:

- **integração de sistemas e processos:** a implementação de uma torre de controle requer a integração de diversos sistemas e processos existentes na organização. Isso pode ser um desafio em termos de compatibilidade, interoperabilidade e sincronização das informações entre os diferentes sistemas. É fundamental garantir uma integração eficiente para obter uma visão holística da cadeia de suprimentos;

- **qualidade e confiabilidade dos dados:** as torres de controle dependem de dados precisos, acompanhamento e atualização para fornecer insights e apoiar a tomada de decisões. Garantir a qualidade dos dados e a confiabilidade das fontes de informação é essencial para a eficácia da torre de controle. Isso pode envolver a implementação de processos de coleta, validação e verificação de dados eficientes;

- **mudança cultural e engajamento organizacional:** a implementação de uma torre de controle requer uma mudança cultural e organizacional significativa. É necessário engajar e capacitar os funcionários, promovendo uma cultura de colaboração, transparência e responsabilidade compartilhada. A resistência à mudança e a falta de adesão dos colaboradores podem representar desafios na adoção e implementação bem-sucedida da torre de controle;

- **investimentos em tecnologia e infraestrutura**: a implementação de uma torre de controle pode exigir investimentos significativos em tecnologia, sistemas de informação e infraestrutura. É necessário avaliar os custos envolvidos e garantir que os benefícios esperados superem os investimentos realizados. Além disso, é de suma relevância garantir a escalabilidade e a capacidade de adaptação da torre de controle às necessidades futuras da organização.

É importante destacar que essas oportunidades e os desafios podem variar de acordo com as especificidades de cada organização e o contexto em que a torre de controle será integrada. Destacamos a variedade de benefícios que podem ser alcançados com a implementação dessas estruturas, como transparência, integração, automação, melhoria do desempenho operacional, satisfação dos clientes e tomada de decisão. No entanto, também é importante reconhecer os desafios associados, como a necessidade de equipes qualificadas, integração de sistemas de TI, disponibilidade de dados atualizados, escalabilidade e custos associados à implementação e manutenção das torres de controle.

Ao considerar essas oportunidades e esses desafios, as organizações podem desenvolver estratégias eficazes para maximizar os benefícios das torres de controle enquanto mitigam os desafios relacionados.

No próximo capítulo, abordaremos as melhores práticas e estratégias para superar esses desafios e garantir uma implementação.

3.9 MATURIDADE PARA IMPLANTAÇÃO DAS TORRES DE CONTROLE

Nossa experiência também reconhece que, embora as razões para empregar uma torre de controle da cadeia de suprimentos sejam inegáveis, infelizmente o processo de implantação de uma torre de controle precisa ter um nível de maturidade da organização e da cadeia de suprimentos para que sua implantação consiga alcançar o sucesso esperado. A dificuldade de compreender essa curva pode levar à criação de cronogramas irrealistas e a expectativas não atendidas. Dentro deste tópico, trazemos a proposta de maturidade em torres de Deanna M. Rainwater, diretora de engajamento da *Tata Consultancy Services* (TCS).

> **Importância do estabelecimento de processos fundamentais**
> Na jornada progressiva de aprimoramento da gestão da cadeia de suprimentos, a torre de controle posiciona-se como um passo avançado. Diante das perturbações causadas pela pandemia da Covid-19, observamos algumas empresas se precipitando na implementação de uma torre de controle sem estabelecer adequadamente os processos essenciais de planejamento. Isso equivale a alimentar um incêndio, enquanto se depende de um sistema automático de extinção de incêndios. O resultado é um aumento exponencial no custo de gerenciamento de crises.

Para Rainwater (2023):

- **avaliação de descoberta**: as melhores empresas investem tempo antecipadamente para entender a profundidade e a amplitude dos recursos fundamentais e ambiciosos da torre de controle. A criação de uma definição fundamental antecipadamente, junto da definição do nível de recursos avançados da torre de controle desejado, identificará proativamente as necessidades de dados; também fornecerá informações importantes para orientar a seleção de tecnologias e infraestrutura de suporte. Essa análise facilitará a construção de um roteiro que forneça valor de negócios incremental e expanda as proficiências da torre de controle ao longo do tempo;

- **habilitação da torre de controle**: as melhores empresas estabelecem um núcleo digital sólido que inclui uma estrutura de dados centralizada e uma estratégia de integração; um que reúne dados dos principais sistemas de negócios e cadeia de suprimentos ao longo da evolução da iniciativa da torre de controle. Uma TCCS eficiente depende de dados de alta qualidade e sólidos procedimentos de governança de dados. Isso afeta diretamente a saída de insights e o grau de visibilidade fornecido aos usuários de negócios;

- **construção da torre de controle**: este estágio permite a visualização operacional em cada área funcional da cadeia de suprimentos no escopo. À medida que a digitalização do fluxo de trabalho e o grau de visualização operacional aumentam, a necessidade de atualizar dados com mais frequência de fontes internas e externas adicionais aumenta em importância. As torres de controle também devem ser bem projetadas para exibir os famosos painéis de indicadores (KPI *dashboards*), significativos em tempo real, que monitoram o "pulso" da cadeia de suprimentos, gerando, assim, conscientização e alinhamento com as metas organizacionais estratégicas e o desempenho atual;

- **habilitação de recursos avançados**: este é o estágio gratificante, no qual a funcionalidade avançada da torre de controle pode ser implantada e implementada para incluir análises preditivas e prescritivas, suporte automatizado à decisão e planejamento e execução autônomos (Patsavellas; Kaur; Salonitis, 2021). Esses processos e fluxos de trabalho permitem que os usuários de negócios resolvam proativamente os problemas da cadeia de suprimentos, geralmente, fornecendo alertas antes da ocorrência. Esses recursos também possibilitam que os usuários respondam de forma mais rápida e inteligente, minimizando os impactos nos negócios. As TCCS mais sofisticadas fornecem análises avançadas para avaliar os impactos operacionais e financeiros de quaisquer alterações e suporte à decisão para ajudar os usuários a resolverem os problemas com muita rapidez.

> Os cinco tipos amplos de análise desenvolvidos pelo SCCT são:
> 1. **Análise de planejamento:** Qual é o nosso plano?
> 2. **Análise Descritiva:** O que aconteceu?
> 3. **Análise Preditiva:** O que acontecerá a seguir?
> 4. **Análise de Diagnóstico:** Por que isso aconteceu?
> 5. **Análise Prescritiva:** O que deve ser feito sobre isso?
> (Patsavellas; Kaur; Salonitis, 2021)

A partir do exposto, procura-se trazer ao leitor um outro olhar de como ver o nível de maturidade para que a empresa tenha capacidade de incorporar a torre de controle em sua estratégia. Na Figura 4, apresenta-se o trabalho de Zurron e Lima Júnior (2021), abordando os quatro níveis de maturidade de integração de uma cadeia de suprimentos, ficando clara a importância do gestor em reconhecer o nível da empresa e da cadeia para poder implantar a torre de controle.

Figura 4 – Nível de maturidade de integração

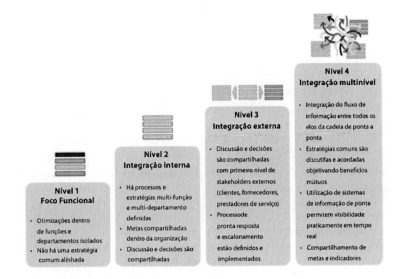

Fonte: Zurron e Lima Júnior (2021, p. 46-54)

Estágio 1 – Excelência funcional:

Este estágio é caracterizado pela otimização de processos dentro de cada departamento de forma isolada, como vendas, compras, manufatura e logística. Não há, nesse ponto, uma estratégia unificada ou a integração de processos e sistemas entre os setores. As ferramentas utilizadas concentram-se principalmente na coleta de dados, e as capacidades da equipe permanecem em um nível predominantemente operacional, conforme descrito em Global Supply Chain Control Towers (2017).

Estágio 2 – Integração interna:

Caracteriza-se pela existência de integração de processos, métricas e estratégia entre as áreas com interface dentro da empresa.

Estágio 3 – Integração externa:

O foco passa a ser a colaboração com os principais *stakeholders* externos, como prestadores de serviço, fornecedores e clientes. Ou seja, há troca de informações no âmbito operacional e tático em busca de uma operação mais enxuta e estável. Segundo Global Supply Chain Control Towers (2017), neste ponto, o escopo inclui todos os processos relacionados à logística interna e externa. As ferramentas fornecem alertas para exceções e eventos. Esses aplicativos são incorporados a alguns recursos básicos de relatório e análise e um banco de conhecimento para suporte à decisão. A organização e a equipe de apoio têm capacidade para agir proativamente sobre (potenciais) problemas na cadeia de suprimentos.

Estágio 4 – Orquestração:

É tipificado pela existência de um verdadeiro ecossistema entre todas as empresas participantes da cadeia (tanto para cima quanto para baixo), com fluxos de informação conectados e ocorrendo em tempo real (ou com períodos de latência bastante reduzidos), permitindo visibilidade total, interoperacionalidade entre cadeias e tomadas de decisão instantâneas baseadas em fatos e predições confiáveis. Conforme Global Supply Chain Control Towers (2017), esta fase conhecida como visibilidade preditiva concentra-se em algoritmos de autoaprendizagem para prever os problemas potenciais e gerar alarmes para eventos futuros, fornecendo monitoramento proativo das funções da cadeia de suprimentos e ajudando nos sistemas de suporte à decisão.

Isto posto, no próximo capítulo, será apresentado o passo a passo para criar e implantar uma torre de controle, ressaltando as tecnologias usadas nas torres de controle, bem como os indicadores-chave de desempenho.

CAPÍTULO 4

PASSO A PASSO PARA CRIAR E IMPLANTAR UMA TORRE DE CONTROLE

De acordo com Kumar *et al.* (2023), um ponto inicial comum para as empresas ao implementar uma TCCS é buscar visibilidade em toda a rede de abastecimento. Contudo, muitas vezes é onde a maioria das empresas para, e é por isso que elas não conseguem extrair o valor esperado. O motivo? Simplesmente ter visibilidade de ponta a ponta não é suficiente.

Certamente, a visibilidade é uma habilidade essencial da torre de controle, mas o verdadeiro valor de uma torre de controle é derivado da tomada de ação com base nessa visibilidade aprimorada. É atuação de forma automatizada ou não. Isso pode envolver, por exemplo, o uso de inteligência artificial e aprendizado de máquina (AI/ML) para gerar alertas e ações de resposta, movendo-se em direção à remediação orquestrada que agiliza tarefas manuais e automatiza processos em que é possível para uma execução mais eficiente. Ou ainda, pode significar ir além da simples visibilidade de remessa em tempo real para identificar proativamente atrasos, priorizar remessas com base no impacto nos clientes ou no estoque, avaliar opções como agilizar ou buscar fontes alternativas e automatizar a execução da ação selecionada.

Vale ressaltar que, desde o início, uma empresa deve definir um roteiro baseado em como a torre de controle usará a visibilidade, alertas, níveis de alertas resposta rápida e uma execução aprimorada para resolver problemas multifuncionais, todos orientados a casos de uso específicos. Assim, é possível garantir que a torre seja uma ferramenta valiosa e eficaz para otimizar a cadeia de suprimentos.

> "*O sucesso de uma torre de controle e os resultados dependem do compromisso da liderança sênior para transformar o negócio*".
>
> (O autor)

O processo de implementação de uma TCCS é uma etapa crucial que pode ser abordada de diferentes maneiras. Duas opções principais de implantação são consideradas: comprar ou construir. Ao optar por comprar, a empresa incorpora os recursos da torre de controle como parte de uma plataforma SCM mais ampla. Essas torres específicas de domínio permitem visibilidade e controle sobre a cadeia de suprimentos, ou parte da cadeia, e são conhecidas como *plug-and-play*. Por outro lado, escolha construir a criação de um *data lake* e a aplicação de inteligência de negócios. Essas torres são predominantemente pensadas para a visualização dos dados, permitindo uma melhor interação com as informações.

Geração de alerta:

Os gestores responsáveis pelo monitoramento da cadeia de suprimentos precisam estar atentos para tomar decisões operacionais, caso necessário. Essas decisões são geralmente acionadas por alertas quando um indicador de desempenho ultrapassa um limite predefinido.

No entanto, o grande desafio está em selecionar esses limites aceitáveis: se forem muito flexíveis, muitos alertas serão gerados, causando nervosismo no sistema; por outro lado, se forem muito rigorosos, pode ser tarde demais para uma intervenção proativa.

Outro ponto a ser considerado é que os gestores têm uma capacidade limitada para lidar com ações individualmente, o que significa que enfrentam restrições na quantidade de mensagens de alerta que conseguem tratar.

Diante disso, quando há uma sobrecarga de alertas, os gestores precisam realizar sua própria seleção das mensagens a serem priorizadas, mas essa escolha nem sempre é a mais adequada e pode depender da experiência e habilidades individuais do gestor.

Em suma, o desafio reside em encontrar um equilíbrio na definição dos limites de alerta para garantir que os gestores sejam notificados sobre eventos relevantes sem ser sobrecarregados por um excesso de alertas. Além disso, é importante buscar soluções que facilitem a tomada de decisão e a priorização das ações, buscando resolver a raiz dos problemas identificados.

É necessário ressaltar que o processo de implementação de uma torre de controle ainda não é tão claro e estabelecido quanto a implantação de uma ISO 9001, por exemplo. A digitalização das operações pode seguir diferentes abordagens, e é preciso ter em mente que a falta de documentos dos processos pode representar um desafio.

Kumar *et al.* (2023) destacam alguns pilares para uma TCCS[9], são eles: uso de recursos orientados a casos específicos, novas formas de trabalhar, arquitetura flexível/estratégica e governança de dados robusta; tudo isso contribui para gerar valor para o negócio. Referidos autores também ressaltam que uma SCCT precisa ser altamente modular para que possa evoluir ao longo do tempo com os negócios, bem como mudanças rápidas para aproveitar as soluções de rápido amadurecimento do mercado, o que o torna muito mais fácil de implementar de forma a gerar valor rapidamente.

Construindo a torre

As torres apresentam algumas partes comuns, lembrando que é necessário ajustar e personalizar para alinhar com a estratégia da empresa e o segmento. Seguem os pontos comuns:

Painel da torre de controle: monitora proativamente as operações da cadeia de suprimentos para que você possa identificar rapidamente problemas críticos, KPIS internos para ajudá-lo a identificar interrupções com base em informações de fornecimento de entrada, identificar faltas com níveis de estoque e identificar atrasos com base no status de suas remessas. (ver o item indicadores na página). Nos painéis, existem filtros e forma de abrir os dados para poder ampliar análise do item fora da métrica.

Tarefas automáticas: diversas etapas podem ser automatizadas nas torres para poder trazer somente os problemas identificados, para que tenha uma tratativa pelo operador, ficando rastreado o que, quando e quais ações realizadas ou não realizadas pelo operador. Exemplo: entregas em atraso, estoque esgotado.

A empresa do sistema deve fornecedor um manual ou, em caso de desenvolvimento interno, recomenda a documentação completa da estrutura, da operação, dos processos, dos fluxos e da tomada decisão, das regras de acesso aos dados.

---

[9] Para maiores informações, consultar: https://www.accenture.com/us-en/insights/consulting/supply-chain-control-tower#accordion-d35fc9a64f-item-0aaaa476f5.

No entanto, os trabalhos desenvolvidos por Vlachos (2021) e Mukherjee (2023) apresentam um plano de implementação em três fases: iniciação, ao vivo e melhoria contínua.

1. **Fase de iniciação ou estratégia:** é essencial montar uma equipe operacional e gerencial para avaliar os processos existentes além de desenhar os processos, fluxos de materiais informações, nós e conexões da cadeia de suprimentos. Nesse estágio, é crucial identificar os principais desafios e objetivos corporativos do projeto de torres de controle e documentar os fluxos de trabalho, determinar as responsabilidades e estabelecer níveis de alarme, alertas, notificações e exceções para monitorar desvios, bem como painéis, indicadores-chave de desempenho (KPIs), pessoas, parceiros de colaboração, capacidades, operações críticas da empresa e sistemas corporativos (atuais e futuros). A arquitetura de fluxo de dados de alto nível e as interfaces do sistema devem ser identificadas, definir as estruturas de dados para as interfaces relevantes, capacidade de manutenção do sistema, no custo total de propriedade e no alinhamento da estratégia de TI. Segundo Global Supply Chain Control Towers (2017), esta fase pode durar de oito a 12 semanas.

2. **Fase ao vivo:** crie um "centro de informações" onde ocorrerá o processo de integração dos sistemas existentes com a torre de controle. Isso inclui sistemas internos da empresa, fornecedores e clientes, tais como MES (Sistema de Execução de Manufatura), TMS (Sistema de Gerenciamento de Transporte), GIS (Sistema de Informação Geográfica), WMS (Sistema de Gestão de Armazém) e AAS (Sistema de Analítico Avançado). Um conjunto gigante de sistemas pode ser integrado nesse momento, conforme projetado na fase anterior. Para Capgemini Consulting, em Global Supply Chain Control Towers (2017), essa fase é composta por projeto, implemento e correr, que leva

de seis a 12 semanas, totalizando seis meses para uma implementação completa. Esses prazos podem variar muito, pois dependem de uma série de detalhes, tais como maturidade da empresa, das ferramentas, das integrações e da disponibilidade de agenda.

3. **Terceira fase**, denominada **melhoria contínua:** envolve a consolidação do projeto e a extensão de rotas e processos. Nesta etapa, busca-se otimizar a operação, incluir novos produtos, setores internos da empresa, como vendas, finanças, contabilidade, unidades de negócios, fornecedores e clientes monitorados, parceiros, avaliar continuamente a geração de valores e aprimorar as habilidades técnicas da equipe. Deve-se, ainda, fazer o acompanhamento de todos os custos, buscando sua redução conforme painel ou relatórios de indicadores, foco na mitigação e revisão dos riscos. O uso de ferramentas analíticas pode auxiliar nesse processo de melhoria contínua.

A implementação de uma torre de controle exige um planejamento cuidadoso e a compreensão dos diferentes envolvidos. Cada fase apresenta desafios e oportunidades específicos, que devem ser analisados de maneira adequada para garantir o sucesso do projeto.

É importante contar com o suporte da alta administração nesse estágio. Os líderes da cadeia de suprimentos devem estar fortemente envolvidos na fase de projeto para dar suporte e responder algumas perguntas-chave.

Zurron e Lima Júnior (2021) apresentam algumas questões relevantes para os gestores antes de implementar uma torre de controle, conforme pode ser observado na Figura 5, a seguir.

Figura 5 – Questões necessárias para seguir com projeto de torre de controle

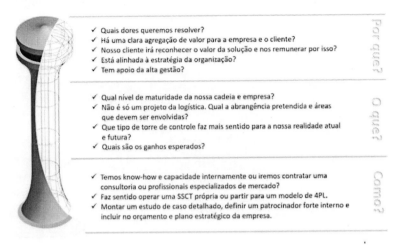

Fonte: Zurron e Lima Júnior (2021, p. 46-54)

No processo de implementação de uma TCCS, é importante estar ciente das possíveis barreiras que podem surgir ao longo do caminho. Conforme destacado por Vlachos (2021), Patsavellas, Kaur e Salonitis (2021) e Gartner (2022), algumas dessas barreiras incluem:

- **desalinhamentos entre software interno/externo:** a falta de integração adequada entre os sistemas de informação internos e externos pode dificultar a eficiência e a troca de informações na torre de controle. É essencial garantir a compatibilidade e a sincronização dos sistemas para uma implementação eficaz;

- **má qualidade e integração dos dados:** a qualidade dos dados é crucial para o funcionamento adequado da torre de controle. Problemas de integração e inconsistência nos dados podem levar a informações imprecisas e afetar a tomada de decisões. É necessário garantir a integridade e a confiabilidade dos dados em todos os sistemas e processos envolvidos;

- **falta de compromisso da alta administração:** o apoio e o comprometimento da alta administração são fundamentais para o sucesso da implementação da torre de controle. A falta de envolvimento e direção claros podem impactar a adesão e a eficácia da torre de controle;
- **restrições orçamentárias:** alocar recursos financeiros adequados para a implementação da torre de controle pode ser um desafio. Restrições orçamentárias podem limitar a capacidade de investimento em tecnologia, recursos humanos e infraestrutura necessários para a operação e manutenção da torre de controle;
- **falta de sistemas especializados em TCCS:** a escassez de sistemas específicos voltados para as necessidades da torre de controle pode dificultar sua implementação. É essencial ter acesso a ferramentas e tecnologias que atendam às demandas específicas da torre de controle;
- **falta de clareza sobre a amplitude de controle:** é importante definir claramente o escopo e a abrangência da torre de controle. A falta de clareza sobre as responsabilidades e os limites de atuação da torre de controle pode resultar em confusão e ineficiência operacional;
- **resistência ao quebrar silos funcionais:** a implementação da torre de controle envolve a integração de processos e a quebra de silos funcionais dentro da organização. A resistência a essas mudanças e a falta de colaboração entre diferentes departamentos podem representar desafios duradouros;
- **questões sobre a propriedade dos dados:** a engenharia da propriedade e do controle dos dados na torre de controle pode ser uma questão complexa. É necessário estabelecer políticas claras e acordos sobre a propriedade, o acesso e o compartilhamento dos dados entre os participantes da cadeia de suprimentos. Para tanto, é necessário todo o cuidado, levando-se em consideração a Lei de Proteção de Dados;

- Além disso, outras barreiras podem incluir a necessidade de talentos especializados na área, a ambivalência na decisão de construir *versus* comprar soluções prontas e a incapacidade de identificar corretamente os requisitos tecnológicos necessários para a torre de controle.

É fundamental identificar e superar essas barreiras durante o processo de implementação da torre de controle, a fim de garantir uma operação eficiente e bem-sucedida. O planejamento adequado, o envolvimento das partes interessadas e a abordagem estratégica podem ajudar a superar dificuldades e alcançar os benefícios desejados com a implementação da torre de controle.

4.1 TECNOLOGIAS USADAS NAS TORRES DE CONTROLE

As TCCS são suportadas por diferentes tecnologias que desempenham um papel fundamental em seu funcionamento eficiente. Essas tecnologias podem ser agrupadas, de acordo com Vlachos (2021), em três categorias principais: tecnologias de longo prazo, tecnologias de mediação e tecnologias intensivas.

a. **Tecnologias de longo prazo**

As tecnologias de longo prazo, como IoT e big data, são utilizadas em vários pontos da cadeia de suprimentos, desde fornecedores e distribuição até armazenamento e produção. A adoção de dispositivos e sensores de IoT está transformando as torres de controle operacionais. Os dispositivos IoT fornecem dados em tempo real sobre vários parâmetros, como desempenho do equipamento, condições ambientais e níveis de inventário.

Esses dados permitem que as torres de controle monitorem e gerenciem as operações com maior precisão e eficiência, além de facilitarem a manutenção preditiva, garantindo o desempenho ideal dos ativos críticos. Isto posto, as tecnologias viabilizam a coleta e o monitoramento contínuo de dados em tempo real, fornecendo informações valiosas sobre as operações da cadeia de suprimentos.

b. Tecnologias de mediação

Desempenham um papel importante na conectividade entre fornecedores, operadores logísticos e clientes. Isso inclui o uso de tecnologias como intercâmbio eletrônico de dados (EDI), xml, RFDI, 5G, Iot, *blockchain*, GPS, plataformas em nuvem e aplicativos (app), rastreamento de carga que facilitam a troca de informações e a colaboração em tempo real, clima, mídia social. Destaca-se também neste ponto que as torres geralmente estão em nuvens desacopladas das arquiteturas de sistemas tradicional, contribuindo para a integração com diversos sistemas. Essas tecnologias são essenciais para a integração e o compartilhamento eficiente de dados entre os diversos participantes da cadeia de suprimentos.

c. Tecnologias intensivas

Por fim, as tecnologias intensivas são aquelas que se concentram na análise e no gerenciamento avançado da cadeia de suprimentos. Isso inclui técnicas como: ciência de dados, *analytics/ business intelligence* (BI), análise preditiva e prescritiva, modelagem de cenários e AI/ML. Essas tecnologias possibilitam uma compreensão mais aprofundada dos dados da cadeia de suprimentos, uma simulação de diferentes cenários e tomada de decisões mais inteligentes e proativas.

Análises preditivas geram métricas de visibilidade em tempo real

O verdadeiro potencial dos dados é desbloqueado quando estes são adequadamente explorados. A análise preditiva é a chave para desvendar o poder completo dos seus dados. Com uma solução eficaz de visibilidade em tempo real em funcionamento, você deve obter perspectivas valiosas sobre:

- porcentagem de entrega no prazo;
- percentual de atrasos;
- tempo de permanência;
- acompanhamento de métricas de sucesso;
- todas customizadas para as operações, clientes, localizações, estoques etc.

De acordo com Vlachos (2021), Zurron e Lima Júnior (2021) e Gartner (2022), algumas das principais tecnologias que fazem parte de uma torre de controle incluem:

- **inteligência contínua:** a capacidade de capturar dados continuamente, armazenamento de dados em nuvens e em tempo real, seja por meio de processamento de fluxo de eventos, seja do monitoramento de atividades de negócios, capacidade de trazer dados dos sistemas legados;
- **análise avançada:** a aplicação de técnicas de análise preditiva e prescritiva para antecipar problemas e agir proativamente, sinalização de exceção automatizada, visibilidade multimodal, em vez de apenas detectar eventos;
- **análise de impacto:** a capacidade de entender o impacto dos sinais e das mudanças no ecossistema digital na cadeia de suprimentos da empresa, permitindo uma resposta mais rápida e adequada;
- **modelagem de cenário:** a habilidade de simular diferentes cenários e avaliar o impacto de possíveis mudanças e decisões na cadeia de suprimentos, auxiliando na tomada de decisões estratégicas;
- **resposta colaborativa:** a possibilidade de conectar e colaborar com os diversos participantes da cadeia de suprimentos em um ambiente de sala de colaboração, facilitando a comunicação e a troca de informações em tempo real;
- **inteligência artificial (IA):** o uso de técnicas de AI/ML para atender a um maior grau de automação e eficiência nas operações da cadeia de suprimentos.

Shamroukh (2021) reforça que torres de controle não são projetadas igualmente, e sim dentro de objetivos, metas e no escopo a ser alcançado.

Quadro 8 – Tecnologias para torres de controle analíticas e operacionais

TECNOLOGIAS PARA TORRES DE CONTROLE ANALÍTICAS	TECNOLOGIAS PARA TORRES DE CONTROLE OPERACIONAIS
Sistemas de Análise Descritiva: Facilitam o estudo detalhado de dados para extrair informações valiosas, obter discernimentos e fazer inferências sobre um processo específico. Também ajuda a revelar correlações e classificações, sejam elas implícitas ou explícitas, sobre variáveis relevantes. Esses sistemas podem ser empregados de maneira *ad hoc* por uma equipe especializada em análise de dados ou podem ser integrados em rotinas automatizadas de análise.	Sistemas de Controle de Eventos (Gerenciamento por Exceção): Os sistemas são programados para disparar alertas quando surgirem eventos que demandem atenção. Situações que precisam ser monitoradas incluem desvios nos planos de produção, níveis de estoque que ultrapassam ou caem abaixo dos alvos, tempos de viagem mais longos que os equipamentos esperavam e alcançavam altas propensões de falha. Esses sistemas podem lidar com diversas outras eventualidades, com níveis de detalhamento ajustáveis conforme a necessidade.

Fonte: o autor

A incorporação dessas tecnologias em uma torre de controle fornece uma base sólida para monitoramento, controle e otimização das operações da cadeia de suprimentos. Ao aproveitar o poder dessas tecnologias, as empresas podem obter uma visão abrangente e em tempo real de sua cadeia de suprimentos, tomar decisões mais difíceis e ágeis, alcançar maiores resultados em termos de eficiência, custo e satisfação do cliente.

4.2 INDICADORES-CHAVE DE DESEMPENHO

No contexto das TCCS, os indicadores chave de desempenho (KPIs) desempenham um papel fundamental na avaliação e no monitoramento das operações. Esses indicadores fornecem informações valiosas sobre o desempenho da cadeia de suprimentos e ajudam a identificar áreas de melhoria e oportunidades de otimização. É fundamental compreender que as torres trazem um conjunto novo de indicadores centrados no cliente e na colaboração, o qual não é possível em modelos tradicionais de operação.

Neste capítulo, serão explorados alguns dos principais indicadores usados pelas torres de controle:

- **Tempo de ciclo:** este indicador mede o tempo necessário para concluir um ciclo completo de operações, desde o recebimento de pedidos até a entrega final. É importante para identificar possíveis gargalos e atrasos na cadeia de suprimentos, permitindo a implementação de medidas corretivas para melhorar a eficiência e a agilidade;
- **Nível de serviço ao cliente:** este indicador mede a capacidade da cadeia de suprimentos em atender às expectativas dos clientes em termos de prazo de entrega, qualidade do produto e serviço oferecido. O monitoramento contínuo do nível de serviço ao cliente permite identificar áreas de melhoria e garantir a satisfação do cliente, além do nível de serviço customizado a cada cliente;
- **Taxa de atendimento de pedidos:** este indicador mede a proporção de pedidos que são atendidos com sucesso em relação ao total de pedidos recebidos. Uma taxa alta indica uma cadeia de suprimentos eficiente, capaz de cumprir os prazos de entrega e lidar com a demanda de forma satisfatória;
- **Nível de estoque:** esse indicador monitora o nível de estoque em diferentes alcances da cadeia de suprimentos. É importante manter um equilíbrio adequado entre estoques para evitar problemas de excesso ou falta de produtos, garantindo uma operação eficiente e evitando custos necessários;
- Índice de **precisão de inventário:** este indicador mede a precisão do inventário em relação aos registros do sistema. É fundamental para garantir a confiabilidade dos dados de estoque e evitar erros de contagem, que podem levar a problemas como falta de produtos ou excesso de estoque;

- **Taxa de retorno de produtos:** este indicador mede a proporção de produtos devolvidos pelos clientes em relação ao total de produtos vendidos. Uma alta taxa de retorno pode indicar problemas de qualidade, logística ou atendimento ao cliente, sendo importante para identificar áreas de melhoria e reduzir custos associados a devoluções;
- **Custo total da cadeia de suprimentos:** este indicador abrange os custos envolvidos em todas as etapas da cadeia de suprimentos, desde a aquisição de matérias-primas até a entrega final. É importante acompanhar e otimizar os custos em todas as áreas da cadeia de suprimentos, buscando eficiência e redução de despesas;
- **Taxa de ocorrências de incidentes:** este indicador monitora a ocorrência de incidentes, como atrasos, danos ou perdas de produtos durante o transporte. É importante avaliar a eficácia das medidas de segurança e identificar áreas de melhoria para reduzir os riscos e garantir a integridade dos produtos;
- **Taxa de utilização de recursos:** este indicador mede a eficiência na utilização dos recursos, como capacidade de produção, frota de veículos e espaço de armazenamento. Uma alta taxa de utilização indica uma gestão eficiente dos recursos, evitando desperdícios e maximizando a produtividade;
- **Sustentabilidade ambiental:** este indicador avalia o impacto ambiental das operações da cadeia de suprimentos, incluindo o uso de recursos naturais, as emissões de carbono e as práticas de reciclagem. A inclusão de indicadores de sustentabilidade reflete uma preocupação crescente com o meio ambiente e a necessidade de práticas de negócios, considerando também o ESG ambiental, social e governança.

É importante destacar que os indicadores-chave de desempenho podem variar de acordo com a indústria, as características da cadeia de suprimentos e os objetivos específicos de cada organização.

A seleção dos KPIs adequados deve ser baseada em uma análise de cuidados das necessidades e metas da empresa, garantindo que os indicadores escolhidos sejam atendidos com a estratégia da cadeia de suprimentos.

No Quadro 9, a seguir, observa-se um exemplo de painel de indicadores o qual fica visível para o time de controle.

Quadro 9 – Painel de indicadores

KPI	Descrição
Filas estreladas	Uma lista de suas filas de trabalho com estrela.
Envios com entrega estimada em atraso	Remessas de entrada que se estima que sejam entregues depois do comprometido.
Linhas de pedidos com uma entrega planejada tardiamente	Linhas de ordem de entrada que estão planejadas para serem entregues mais tarde do que o solicitado no ordem.
Estoque com excesso de quantidade	Inventário com uma quantidade disponível maior do que o limite configurado.
Estoque se aproximando do esgotamento	Inventário com uma quantidade disponível menor que o limite configurado.
Estoque esgotado	Inventário com uma quantidade disponível inferior a 1.

Widget	Descrição
Valor da linha de pedido vencido por fornecedor	Linhas de ordem de entrada atualmente após a data de entrega confirmada (classificadas por fornecedor).
Estoque de suprimentos com excesso de estoque	Estoque de suprimentos com uma quantidade disponível maior do que a configurada límiar.
Estoque de suprimentos se aproximando do esgotamento	Forneça estoque com uma quantidade disponível menor o que limite configurado.
Envios em trânsito	Remessas de entrada com status de Em trânsito.
Linhas de ordem de fornecimento com vencimento para recebimento hoje	O número de linhas de ordem de fornecimento que devem chegar hoje.

Widget	Descrição
Envios com entrega vencida	As linhas de pedidos de entrada já passaram da data de entrega confirmada.
Envios com entrega estimada em atraso	Remessas de entrada que se estima que cheguem mais tarde do que a entrega comprometida data.
Média de dias de abastecimento	O número estimado de dias em que o estoque está disponível antes do esgotamento com base no filtros selecionados. ❶ **Nota:** Somente o estoque com pedidos de saída nos últimos 7 dias é considerado em essa métrica.
Estoque com excesso de dias de abastecimento	Estoque em que o número de dias de fornecimento é maior que o limite configurado. ❶ **Nota:** Somente O estoque com pedidos de saída nos últimos 7 dias é considerado nessa métrica.
Abrir ordens de saída	Todos os pedidos de saída que ainda não foram enviados.
Abrir ordens de entrada	Todos os pedidos de entrada que ainda não foram enviados.
Linhas de pedidos com uma entrega planejada tardiamente	Linhas de ordem de entrada que estão planejadas para serem entregues mais tarde do que o solicitado no ordem.
Remessas recebidas	Remessas de entrada com status de Em trânsito ou Entregues.
Estoque esgotado	Inventário com uma quantidade disponível inferior a 1.
Estoque se aproximando do esgotamento	Inventário com uma quantidade disponível menor que o limite configurado.
Estoque com excesso de quantidade	Inventário com uma quantidade disponível maior do que o limite configurado.

Widget	Descrição
Total de remessas recebidas	Remessas de entrada com status de Em trânsito ou Entregues.
Envios com entrega estimada em atraso	Remessas de entrada que se estima que sejam entregues depois do comprometido.
Linhas de pedidos com uma entrega planejada tardiamente	Linhas de ordem de entrada que estão planejadas para serem entregues mais tarde do que o solicitado no ordem.
Linhas de encomenda com um envio planeado com atraso	Linhas de ordem de entrada que estão planejadas para serem enviadas mais tarde do que o solicitado no pedido.
Envios com entrega vencida	Remessas de entrada que já passaram da data de entrega confirmada.
Envios em trânsito	Remessas de entrada com status de Em trânsito.

Fonte: IBM Documentation

Com uma visão abrangente e integrada dos principais indicadores de desempenho, observa-se que as organizações podem identificar oportunidades de melhoria, otimizar processos e alcançar resultados superiores em suas operações da cadeia de suprimentos.

CAPÍTULO 5

A TORRE DE CONTROLE NO CONTEXTO BRASILEIRO

As torres de controle desempenham um papel crucial na gestão da cadeia de suprimentos, e isso se aplica especialmente ao contexto brasileiro, considerando o tamanho do país, a complexidade de suas cadeias de suprimentos e os desafios logísticos que enfrentam. A implementação de uma TCCS no Brasil pode ser uma estratégia eficaz para ajudar as empresas a superarem esses desafios e obterem vantagem competitiva.

A logística brasileira está passando por uma transformação com o advento das novas tecnologias, o investimento em infraestrutura e a busca pela consolidação dos grandes operadores logísticos. Esses fatores colaboram para aumentar a competitividade do setor e exigem um maior grau de maturidade e visibilidade, essenciais para a tomada de decisões em tempo real.

No Brasil, devido à sua vasta extensão territorial, características geográficas e diversidade econômica, as cadeias de suprimentos são complexas e apresentam desafios logísticos impressionantes. O país conta com uma infraestrutura de transporte diversificada, que inclui rodovias, ferrovias, hidrovias e portos, porém, muitas vezes, enfrenta problemas relacionados à infraestrutura deficiente, a congestionamentos e a ineficiências operacionais. Além disso, questões como altos custos logísticos, falta de integração entre os diferentes modais de transporte e distâncias consideráveis entre as regiões podem impactar o desempenho das cadeias de suprimentos. Tal impacto das cadeias de suprimentos é uma triste realidade, mas, ao mesmo tempo, uma oportunidade de poder ter visibilidade

Nesse contexto, a implementação de uma TCCS pode trazer benefícios emocionantes. Essas torres fornecem uma visão clara e integrada de todas as etapas da cadeia, permitindo que as empresas monitorem e controlem suas operações em tempo real. Ao reunir dados e informações de diferentes sistemas e parceiros comerciais, as torres de controle facilitam a identificação de problemas, gargalos e ineficiências, permitindo ações corretivas imediatas.

Uma das principais vantagens da implementação de uma TCCS no contexto brasileiro é a melhoria da visibilidade. Dada a complexidade das cadeias de suprimentos, muitas empresas enfrentam dificuldades em ter uma visão completa e integrada de suas operações. A falta de visibilidade pode levar a atrasos, ineficiências e à falta de coordenação entre os diferentes participantes da cadeia. Com uma torre de controle, as empresas podem ter uma visão holística de todas as atividades da cadeia, desde fornecedores até clientes finais, permitindo uma melhor coordenação e sincronização das operações.

Além disso, no contexto brasileiro, a implementação de uma torre de controle pode ajudar a enfrentar desafios específicos, como a gestão de estoques em um país de dimensões continentais. O Brasil possui uma demanda diversificada e variações regionais significativas nas necessidades dos clientes. Com uma torre de controle, as empresas podem melhorar o planejamento e a gestão de estoques, garantindo a disponibilidade adequada de produtos em cada região e evitando excessos ou faltas.

Outro desafio logístico no Brasil é o transporte de mercadorias em longas distâncias. Com uma torre de controle, as empresas podem otimizar as rotas de transporte, considerando fatores como custo, tempo e disponibilidade de infraestrutura. Isso ajuda a reduzir os custos logísticos e melhorar a eficiência operacional, garantindo que as mercadorias sejam entregues de forma eficiente e sem prazo.

A torre de controle também desempenha um papel fundamental na gestão da informação e no fortalecimento da colaboração entre os diferentes atores da cadeia de suprimentos. No Brasil, onde a cadeia de suprimentos, muitas vezes, envolve múltiplos parceiros e fornecedores, a comunicação eficaz e o compartilhamento de informações são essenciais. Uma torre de controle pode atuar como um ponto central de comunicação, facilitando a troca de informações em tempo real e a colaboração entre todos os participantes da cadeia.

A implementação de uma TCCS no Brasil também pode contribuir para a adoção de práticas de consumo. O país enfrenta desafios relacionados à sustentabilidade, como a necessidade de reduzir as emissões de gases de efeito estufa e promover a responsabilidade social e ambiental. Por meio de uma torre de controle, as empresas podem monitorar e gerenciar aspectos relacionados à sustentabilidade em suas cadeias de suprimentos, como o transporte de baixo carbono, a gestão eficiente de resíduos e o uso responsável dos recursos naturais.

Por fim, e ainda se reportando ao Brasil, destaca-se que a implementação de uma TCCS oferece uma série de benefícios, pois melhora a visibilidade das operações, permite ações corretivas imediatas, otimiza a coordenação e a sincronização entre os diferentes setores da cadeia, melhora o planejamento de estoques, otimiza as rotas de transporte, fortalece a colaboração e a comunicação e promove práticas. Por meio de uma torre de controle, as empresas brasileiras podem superar os desafios logísticos e obter uma vantagem competitiva em um mercado cada vez mais globalizado e complexo.

CAPÍTULO 6

RETORNO SOBRE O INVESTIMENTO (ROI) NAS TORRES DE CONTROLE DA CADEIA DE SUPRIMENTOS

As TCCS são investimentos para as organizações, tanto em termos de recursos financeiros quanto de tempo e esforço. Portanto, é essencial avaliar o retorno sobre o investimento (ROI) obtido com a implementação dessas torres.

Neste capítulo, serão explorados os principais elementos a serem considerados ao calcular e avaliar o ROI de uma torre de controle, bem como casos relatados nos últimos anos de sucesso:

- redução dos custos operacionais;
- aumento da produtividade;
- a melhoria do serviço ao cliente.

Uma das principais métricas para avaliar o ROI de uma torre de controle é a redução de custos operacionais. Com a implementação de uma torre de controle eficaz, as organizações podem melhorar a eficiência das operações, otimizar o uso de recursos, reduzir erros e retrabalhos, minimizar o tempo de inatividade e melhorar a utilização de ativos. Essas melhorias resultam em economias tangíveis, como redução de despesas com transporte, armazenagem, estoque e mão de obra.

No 34º Relatório Anual do Estado da Logística, intitulado "The Great Reset", publicado por *Council of Supply Chain Management Professionals* (CSCMP)[10], em 2021, apresenta que uma torre de controle pode reduzir de 10 a 20% dos custos da cadeia de suprimentos.

---

[10] Para mais informações, acesse o link: https://cscmp.org/CSCMP/Research/Reports_and_Surveys/State_of_Logistics_Report/CSCMP/Educate/State_of_Logistics_Report.aspx?hkey=cc8f19e1-1e5f-4144-8b32-15a83d821e4a.

Kumar *et al.* (2023) destacam que empresas que já adoram as soluções de torre de controle em sua capacidade esperada já conseguiram reduzir os custos de logística em 3 a 5% e melhorar a eficiência da mão de obra em 10 a 20%. Outro exemplo é o caso citado pela Deloitte (2032), em que a torre de controle com visibilidade global da cadeia conseguiu otimizar os fluxos de materiais e melhorar a disponibilidade com um retorno sobre o investimento de 212%, com um período de retorno de menos de um ano.

> **+ US$ 1 bilhão em valor para os clientes**
>
> Uma das empresas mais conhecidas do mundo, a Deloitte, apresentou resultados dos projetos implementados, que devem ser analisados e considerados para análise de retorno.
>
> Identificou excesso de estoque de quase US$ 100 milhões com US$ 5 milhões em oportunidades de redução de ganhos rápidos; benefícios anualizados de US$ 75 milhões, com um *pipeline* para economias adicionais.
>
> Priorizou mais de 6 mil combinações de fornecedores de *commodities* em um subconjunto acionável de pares de alto risco.
>
> Possibilitou a melhoria contínua na eficiência dos ativos e aumentou a produtividade em 9%.
>
> Economizou US$ 200 milhões em custos anuais de reparo relacionados a *recall*.
>
> Identificou uma oportunidade de +US$ 30 milhões na redução de custos de material por meio de *sourcing* eficaz e gerenciamento de fornecedores.
>
> O programa obteve um ROI de 212%, com um período de retorno de menos de um ano.
>
> Resolvido $1,7 milhões em ordens de compra com códigos HS ausentes no sistema de origem.
>
> Reduziu o tempo para identificar as causas-raiz das oportunidades de melhoria de custo de duas a três semanas para cerca de cinco minutos.[11]

Além da redução de custos operacionais, o aumento da produtividade é outro indicador importante de ROI. Com maior visibilidade e coordenação das atividades da cadeia de suprimentos, as

---

[11] Para saber mais, acesse: https://www2.deloitte.com/us/en/pages/operations/solutions/supply-chain-control-tower.html.

organizações podem reduzir os tempos de ciclo, melhorar a programação e a roteirização, otimizar o uso de equipamentos e minimizar a ociosidade. Isso resulta em maior produtividade e capacidade de atender às demandas dos clientes de forma mais rápida e eficiente.

Kumar *et al.* (2023) também apresentam resultados para otimização e eficiência do capital com uma redução de 5 a 15% no estoque e de 8 a 15% na destruição/doação/desconto. Tais motivos foram transformados em necessidades conforme o Estudo de Logística de Terceiros de 2022, "*Third-Party Logistics Study*"[12], o qual analisou os recursos baseados em tecnologia necessários para 3PL e 60% dos transportadores listaram torres controle. Essa é a primeira vez que as torres de controle são classificadas como o principal requisito em termo de tecnologia para os provedores 3PL.

A melhoria do serviço ao cliente é outro fator-chave para avaliar o ROI de uma torre de controle. Com uma torre de controle eficaz, as organizações podem aprimorar a gestão de pedidos e ter maior visibilidade de estoque, previsibilidade de prazos de entrega, redução de atrasos e maior agilidade para responder às demandas do mercado. Um alto nível de serviço ao cliente leva à satisfação do cliente, à retenção e ao crescimento dos negócios. Os fatores são fundamentais para aumentar receita em até 1% por meio da redução de vendas perdidas (Kumar *et al.*, 2023).

As torres de controle também ajudam a mitigar os riscos e melhorar os tempos de resposta. Ao monitorar em tempo real e tomar ações corretivas de forma proativa, as organizações podem reduzir os efeitos negativos de eventos inesperados, como atrasos na entrega, problemas de qualidade, continuidade na cadeia de suprimentos ou desastres naturais. Isso resulta em menor exposição a riscos e custos associados, bem como em menor tempo de resposta para lidar com problemas.

Outro aspecto importante para avaliar o ROI é a melhoria da visibilidade e tomada de decisão. As torres de controle fornecem uma visão holística e em tempo real das atividades da cadeia de

---

[12] Para mais informações, acesse: https://www.3plstudy.com/ntt3pl/nttds_3pl.nttds_2023_3pl.

suprimentos, permitindo uma tomada de decisão mais forte e assertiva, com base em dados precisos e atualizados. A melhoria da visibilidade da cadeia de suprimentos ajuda a identificar gargalos, áreas de melhoria e oportunidades de otimização. Como resultado, as decisões estratégicas e operacionais podem ser tomadas com maior confiança e eficácia.

Ao calcular o ROI de uma torre de controle, é importante considerar os custos iniciais de implementação, como aquisição de tecnologia, treinamento, integração de sistemas, customização e consultoria. Além disso, é necessário levar em conta os custos contínuos de operação, manutenção, disponibilidade de consultorias, atualização e manutenção dos sistemas, integrações e time capacitados da torre de controle.

A avaliação do ROI também deve considerar o tempo necessário para obter os benefícios esperados. As torres de controle podem exigir um período de controle e ajustes antes de atingir todo o potencial de valor. Portanto, é essencial definir métricas e indicadores claros para monitorar o progresso e avaliar o ROI ao longo do tempo.

Além dos benefícios financeiros, é válido destacar que as torres de controle também trazem vantagens estratégicas para as organizações. Elas ajudam a construir uma cadeia de suprimentos mais ágil, responsiva e resiliente, permitindo a adaptação a mudanças rápidas no mercado e a antecipação de demandas futuras.

É fundamental envolver todas as partes interessadas na avaliação do ROI da torre de controle, desde a alta administração até os membros da equipe operacional. Isso garante que todas as perspectivas sejam consideradas e que o valor da torre de controle seja compreendido por todos.

Em conclusão, a avaliação do ROI das TCCS é essencial para determinar o impacto e o valor dessas soluções nas operações e nos resultados de uma organização. Ao considerar os benefícios financeiros e estratégicos, os investimentos necessários e o horizonte de tempo apropriado, as organizações podem tomar decisões decisivas sobre a implementação e o uso efetivo das torres de controle. Essas soluções têm o potencial de aumentar a eficiência, a produtividade e a competitividade da cadeia de suprimentos, proporcionando benefícios tangíveis e duradouros.

CAPÍTULO 7

TENDÊNCIAS FUTURAS

As TCCS têm evoluído rapidamente nos últimos anos, impulsionadas pelas transformações digitais e pelas demandas crescentes por maior visibilidade, agilidade e eficiência nas operações.

Neste capítulo, serão abordadas algumas das tendências futuras que moldarão o campo das torres de controle e sua aplicação na gestão da cadeia de suprimentos.

- **Integração de tecnologias emergentes**: à medida que avançamos em direção à Indústria 4.0 e à digitalização completa das cadeias de suprimentos, esperamos que as torres de controle incorporem cada vez mais tecnologias emergentes. Isso inclui a adoção de IoT, IA, aprendizado de máquina, *blockchain* e análise avançada de dados. Essas tecnologias permitem uma maior automação, previsão mais precisa, tomada de decisão baseada em dados e colaboração em tempo real entre os diversos atores da cadeia de suprimentos.

- **Conectividade e interoperabilidade**: a tendência é que as torres de controle se tornem mais conectadas e interoperáveis, permitindo uma troca fluida de informações entre sistemas internos e externos. Isso envolve uma integração com sistemas de fornecedores, clientes, operadores logísticos e outras partes interessadas ao longo da cadeia de suprimentos. A conectividade aprimorada fornecerá uma visibilidade e um controle mais abrangente, facilitando a detecção precoce de problemas e a colaboração em tempo real para sua resolução.

- **Ênfase na sustentabilidade:** a preocupação crescente com a sustentabilidade ambiental e social está se refletindo nas TCCS. À medida que as empresas buscam formas de reduzir seu impacto ambiental, adotam práticas mais éticas e responsáveis e promovem a circularidade dos recursos. Nesse sentido, as torres de controle estarão cada vez mais envolvidas no monitoramento e na otimização dos indicadores de sustentabilidade, como emissões de carbono, uso de recursos naturais e práticas de reciclagem.

- **Análise preditiva e prescritiva:** à medida que a capacidade de coleta e análise de dados são aprimoradas, as torres de controle ficam mais bem equipadas para realizar análises preditivas e prescritivas. Isso significa que elas poderão antecipar eventos futuros com base em padrões históricos e recomendar ações específicas para otimizar a cadeia de suprimentos. A análise preditiva permitirá uma tomada de decisão mais ágil e assertiva, enquanto a análise prescritiva fornecerá insights acionáveis para melhorar o desempenho operacional e a eficiência.

- **Resiliência e gestão de riscos:** a volatilidade e a imprevisibilidade do ambiente de negócios destacam a importância da resiliência e da gestão de riscos nas cadeias de suprimentos. As torres de controle cumpriram um papel fundamental nesse aspecto, permitindo uma identificação mais rápida e precisa de riscos potenciais e facilitando a implementação de medidas de mitigação. A capacidade de monitorar em tempo real as condições da cadeia de suprimentos e de simular diferentes cenários ajudam as empresas a se adaptarem rapidamente a manter e garantir a continuidade das operações.

- **Colaboração em rede:** a colaboração entre os diversos atores da cadeia de suprimentos será cada vez mais valorizada e incentivada. As torres de controle fornecem plataformas colaborativas, em que fornecedores, clientes, transportadoras e outros parceiros podem compartilhar informações, coordenar atividades e tomar decisões conjuntamente. A colaboração em rede promoverá uma maior eficiência, reduzirá os atritos e permitirá uma resposta mais rápida e eficaz a mudanças na demanda ou em eventos imprevistos.

- **Aumento da personalização**: com o avanço das tecnologias digitais, as torres de controle estarão mais preparadas para lidar com a demanda crescente por personalização e customização na cadeia de suprimentos. A capacidade de monitorar os produtos ao longo de sua jornada permitirá uma maior adaptabilidade às pessoas controladas e uma melhor gestão da complexidade inerente à personalização em massa.

- Ênfase na **experiência do cliente**: com a crescente importância da experiência do cliente como diferencial competitivo, as torres de controle estarão cada vez mais focadas em garantir entrega pontual, qualidade do produto e serviço excepcional. Elas se tornarão mais orientadas para o cliente, monitorando de perto os indicadores de satisfação dele e buscando continuamente maneiras de melhorar a experiência ao longo de toda a cadeia de suprimentos.

- **Uso de tecnologias imersivas**: as tecnologias imersivas, como realidade aumentada e realidade virtual, têm o potencial de revolucionar a forma como as torres de controle operam. Essas tecnologias permitem uma visualização mais intuitiva e imersiva dos dados e processos da cadeia de suprimentos, facilitando a tomada de decisões e a resolução de problemas em tempo real. Além disso, elas podem ser utilizadas para treinamento de pessoal, simulações de cenários e colaboração remota entre equipes.

As TCCS estão evoluindo rapidamente para atender às demandas de um ambiente empresarial em constante mudança. As tendências futuras mencionadas neste capítulo refletem a necessidade de maior conectividade, colaboração, automação, análise avançada de dados e sustentabilidade. À medida que as empresas buscam melhorar a eficiência, a agilidade e a satisfação do cliente, as torres de controle obterão um papel crucial na gestão e otimização das operações da cadeia de suprimentos.

Além de tudo que foi comentado, lançaremos agora outro olhar com base no relatório Grandview Research (2022), sobre o futuro das torres de controle, ou seja, uma visão geral dos principais tópicos de 2023 a 2030.

O mercado global torre de controle foi estimado em US$ 7,31 bilhões, em 2022, e deve crescer a uma taxa composta de crescimento anual de 21,3%, de 2023 a 2030.

- A demanda por torres de controle é impulsionada, principalmente, por empresas como fabricantes contratados, varejistas e provedores de logística que estão buscando digitalizar suas atividades da cadeia de suprimentos.
- As torres de controle estão se tornando cada vez mais difundidas nos ecossistemas de transporte e cadeia de suprimentos, pois permitem que as empresas rastreiem entregas em tempo real e aumentem a eficiência das entregas. Eles oferecem visibilidade, controle e coordenação centralizados em suas redes de transporte, permitindo que otimizem suas atividades de cadeia de suprimentos e logística.
- A integração das torres de controle com sistemas de gerenciamento de transporte (TMS), *enterprise resource planning* (ERP) e *warehouse management systems* (WMS) aprimora o planejamento e a execução do transporte e dá visibilidade de ponta a ponta na rede de transporte.
- As tecnologias de automação e IA estão simplificando as operações da torre de controle, enquanto os sistemas de torre remota oferecem economia de custos e melhor escalabilidade.

- Apesar dos benefícios, problemas com a qualidade dos dados podem dificultar o crescimento do mercado, comprometendo a visibilidade. A precisão e a confiabilidade dos dados são essenciais para a tomada de decisões eficazes e otimização operacional.

- O impacto do Covid-19 no mercado de torre de controle foi significativo, com o setor de transporte e logística testemunhando um declínio acentuado devido a restrições de viagens, medidas de *lockdown* e demanda reduzida de passageiros. No entanto, à medida que o setor se recupera gradualmente, espera-se que as torres de controle desempenhem um papel vital na gestão da retomada das viagens aéreas e na implementação de novos protocolos de segurança.

CAPÍTULO 8

CASO DE ESTUDO

O estudo de caso fala sobre o uso de uma "torre de controle" da Agilent Technologies Inc., um fabricante de equipamentos de teste. A torre de controle, um *hub* de informações que liga a Agilent a seus fornecedores, foi fundamental para manter as operações da empresa durante a pior enchente em décadas na Tailândia, em 2011. Enquanto muitos fabricantes foram forçados a suspender as operações, a Agilent conseguiu atender à maioria dos pedidos graças à visibilidade do estoque fornecido por sua torre de controle.

A equipe da torre de controle utilizou um software de simulação para modelar o impacto da falta de peças na produção e elaborar um plano para solucionar problemas. Durante a crise da enchente, a empresa pôde identificar rapidamente a escassez, encontrar fontes alternativas de peças rapidamente ou até mesmo permitir o redesenho de peças.

A Agilent Technologies, criada em 1999, quando a Hewlett--Packard separou seu negócio de instrumentos de teste e medição de seu negócio de computadores, registrou US$ 6,9 bilhões em receita em 2012. O Electronic Measurement Group (EMG) é um dos quatro grupos da empresa e o mais lucrativo, com US$ 3,3 bilhões em receita em 2012. Para fabricar 5 mil tipos diferentes de instrumentos eletrônicos, a EMG trabalha com 1,1 mil fornecedores, 52% dos quais na Ásia.

A cadeia de suprimentos da Agilent é global e exige a coordenação dos fluxos de peças entre suas próprias fábricas e de seus contratados. No entanto, a Agilent enfrenta desafios na localização de peças devido a sistemas de informação diferentes entre ela, seus fabricantes contratados e seus fornecedores. Para resolver esse problema, a Agilent conseguiu uma torre de controle usando o software

RapidResponse da Kinaxis, que facilitou a visibilidade da cadeia de suprimentos, lidou com o planejamento de demanda, suprimento e estoque, bem como análises hipotéticas, entre outras funções.

A torre de controle é rotineiramente utilizada para simular o impacto de um grande evento de vendas na produção. Isso permite que a Agilent verifique com seus fabricantes e fornecedores para determinar a disponibilidade de peças, inclusive se a produção encontraria falta de peças. A torre de controle pode prever rapidamente o impacto na receita de qualquer negócio possível, bem como a capacidade da empresa de cumprir uma data de entrega antes de prometerá-la a um cliente.

Desde a instalação da torre de controle, a Agilent acelerou seu tempo de resposta para promessas de pedidos de clientes. Agora, o tempo de resposta é de uma semana ou menos. Além disso, a torre de controle ajuda a Agilent no gerenciamento de crises, permitindo a simulação das restrições enfrentadas por um fabricante ou fornecedor quando um evento imprevisto interrompe a cadeia de suprimentos.

No entanto, para que a torre de controle funcione de forma eficaz, é necessário que os parceiros da cadeia de suprimentos da Agilent forneçam dados claros e precisos. Também é importante que todos os parceiros vejam benefícios no compartilhamento de dados.

Em geral, o conceito de torre de controle parece ser uma solução eficaz para empresas com cadeias de suprimentos complexas, proporcionando visibilidade da cadeia de suprimentos de ponta a ponta em uma plataforma única e permitindo a tomada de decisões ágeis.[13]

Esse é um exemplo de estudo de caso de empresas que alcançaram sucesso na implementação de TCCS. Cada caso tem suas particularidades e seus benefícios específicos, Vários outros casos já foram relatados na literatura e queremos trazer em uma nova edição deste livro, e todos mostraram como a adoção de uma torre de controle pode proporcionar melhorias na eficiência, na visibilidade e na colaboração ao longo da cadeia de suprimentos.

---

[13] Para mais informações, acesse: https://www.supplychainquarterly.com/articles/806-the-power-of-a-control-tower.

CAPÍTULO 9

OS ESPECIALISTAS

Este capítulo destina-se a apresentar relatos de experiências vividas pelos especialistas (autores deste capítulo) dentro do contexto envolvendo a temática em questão. O intuito deste espaço é que você leitor possar ter um pouco do conhecimento da vivência de cada especialista no âmbito do conteúdo ora apresentado.

9.1 ACHILES RODRIGUES

Executivo de marketing de vendas e nexialista com mais de 20 anos de experiência no mundo corporativo. Logístico de pai, mãe e parteira, já atuou nos mais diversos setores e segmentos, trazendo milhões em resultados no contexto otimização operacional e alavancagem comercial. Formado em Administração e Teologia e pós-graduado em vendas, negociações e resultado de alta *performance*, logística e *supply chain*. É colunista da revista *Mundo Logística* e fundador dos blogs: clubedalogística.com.br e achilesrodrigues.com.br.

Com 25 anos de experiência no mundo corporativo, sendo 23 deles dedicados à logística e os últimos 12 focados na implementação de torres de controle, posso afirmar com segurança que a logística se tornou parte integrante do marketing. Em uma era em que o nível de serviço e o encantamento do cliente tornaram-se mandatórios, a logística deixou de ser apenas uma função operacional e se transformou em uma poderosa ferramenta de diferenciação no mercado.

O que é uma torre de controle logístico?

Uma torre de controle logístico (TCL) é muito mais do que apenas um centro de monitoramento de operações. Ela é o coração pulsante da cadeia de suprimentos de uma empresa, responsável por coordenar, controlar e otimizar todas as etapas do processo logístico, desde a produção até a entrega final ao cliente. Imagine uma torre de controle de um aeroporto, onde todos os movimentos de aeronaves são monitorados em tempo real, garantindo que tudo funcione de forma eficiente e segura. Agora, transporte esse conceito para o universo dos outros modais logísticos, e você terá uma ideia do que é uma TCL.

Transformações causadas pelas torres de controle nas empresas

A implementação de uma TCL provoca uma verdadeira revolução nas empresas, especialmente em uma era de transformação digital. Entre as principais transformações, podemos destacar:

- **visibilidade total da cadeia de suprimentos:** com uma TCL, as empresas ganham uma visão completa e em tempo real de toda a sua cadeia de suprimentos, desde o fornecedor até o cliente final. Isso permite identificar gargalos, otimizar processos e tomar decisões mais rápidas e assertivas;
- **redução de custos:** ao identificar e eliminar desperdícios, reduzir tempos de espera e otimizar rotas, as torres de controle ajudam as empresas a reduzirem seus custos operacionais;
- **melhoria do nível de serviço:** com uma TCL, as empresas podem oferecer um nível de serviço superior aos seus clientes, garantindo entregas mais rápidas, precisas e transparentes;

- **maior competitividade:** ao aumentar a eficiência operacional, reduzir custos e melhorar o nível de serviço, as torres de controle tornam as empresas mais competitivas no mercado.

A importância da tecnologia em uma TCL

Uma TCL não seria possível sem o uso de tecnologia avançada. Um sistema de gerenciamento de transporte (TMS) integrado, aliado a ferramentas como árvores de decisão, listas de escalonamento, gerenciamento de ocorrências de transporte (Gerot) e BI, torna-se essencial para o funcionamento eficiente de uma TCL.

O TMS atua como o cérebro da operação, reunindo e processando uma enorme quantidade de dados em tempo real. As árvores de decisão e as listas de escalonamento ajudam a automatizar o processo de tomada de decisão, garantindo que as ações corretivas sejam tomadas rapidamente em caso de problemas. O Gerot permite registrar e acompanhar todas as ocorrências de transporte, facilitando a análise posterior e a identificação de tendências e padrões. E o BI fornece insights valiosos sobre o desempenho da cadeia de suprimentos, ajudando as empresas a identificarem oportunidades de melhoria e otimização.

No entanto, é importante ressaltar que a tecnologia por si só não é suficiente. Uma TCL só é eficaz se estiver integrada a processos sólidos e bem-definidos.

Sem processos não há torre de controle

Tecnologia é como uma camisa que veste processos. Por mais avançada que seja uma TCL, se não houver processos claros e bem-definidos por trás dela, ela será apenas uma torre de dados, não uma torre de controle. É preciso saber o que fazer com os dados. Isso significa ter processos eficientes e bem-estruturados para analisar, interpretar e agir com base nas informações fornecidas pela TCL.

A importância das pessoas

Por fim, não podemos esquecer o papel fundamental das pessoas em uma TCL. São elas as responsáveis por definir e sustentar os processos, adotar (ou não) a tecnologia e corrigir os desvios operacionais em tempo real. Uma TCL não é apenas uma questão de tecnologia, mas, sim, uma questão de pessoas. Sem uma equipe qualificada e engajada, uma TCL jamais alcançará todo o seu potencial.

A evolução das torres de controle logístico: uma perspectiva 5.0

Olhando para trás, podemos ver como as TCL evoluíram ao longo dos anos, acompanhando as diferentes revoluções digitais: da era 1.0, quando a logística era vista apenas como uma função operacional, à era 4.0, quando ela se tornou parte integrante do marketing, ou seja, as TCLs passaram por uma verdadeira transformação.

O que podemos esperar da próxima revolução, a era 5.0? Acredito que veremos uma integração ainda maior entre pessoas, processos e tecnologia, com as TCLs se tornando verdadeiras plataformas de colaboração e inovação, capazes de antecipar as necessidades dos clientes e se adaptar rapidamente às mudanças do mercado.

Em suma, as torres de controle logístico estão destinadas a desempenhar um papel cada vez mais importante no mundo dos negócios, impulsionando a eficiência, a transparência e a competitividade das empresas em uma economia cada vez mais digitalizada e globalizada.

9.2 EDUARDO CANAL

Especialista em Estratégia de Marketing e Inteligência de Negócio (BI); bacharel em Administração de Empresas e Tecnólogo em Logística. Executivo com mais de 15 anos de experiência no mercado de Tecnologia e Logística, com sólido conhecimento em gestão de projetos e implementação de sistemas em cenários complexos. Empresário, atuando na função de *founder & director*, unindo a paixão pela logística e tecnologia por meio da Zion Logtec (www.zionlogtec.com.br), apoiando empresas na gestão de seus estoques para aumentar a competitividade e viabilizar crescimento em seus segmentos.

Quando observamos a gestão da cadeia de suprimentos, é unânime a percepção dos profissionais envolvidos quanto à necessidade do apoio da tecnologia. Ao longo do tempo, ela tem desempenhado um papel crescente no *supply chain*, representando uma evolução contínua.

Nos dias atuais, observamos soluções especialistas de altíssima qualidade dentro da cadeia de suprimentos (WMS, TMS, YMS, ERP, SRM, sistema de rastreamento e monitoramento de carga etc.), todas elas aumentando a produtividade, otimizando o fluxo operacional e proporcionando escala, acuracidade e rastreabilidade.

O tópico abordado nesta obra do Roque, "torre de controle", é de extrema importância para a cadeia de suprimentos. Essa ferramenta permite acompanhar de forma simples e amigável (personalizada) e, em tempo real, os indicadores – dos operacionais aos estratégicos da organização –, por meio de integrações de dados das diversas soluções do ecossistema.

Em minha experiência prática, posso afirmar que é viável a utilização da tecnologia de IA em torre de controle. O cruzamento dos dados, aliados à *performance* da IA, pode gerar informações na própria torre de controle, apresentando insights e observações que apoiam diretamente a tomada de decisão.

Seguem alguns exemplos de apoio da IA na validação de dados, mostrando anomalias e tendências:

- flutuação de demanda;
- problemas na qualidade;
- atrasos na entrega;
- instabilidade na produção;
- risco de fornecimento;
- padrão de demanda;
- eficiência operacional;
- padrão de comportamento de clientes;
- otimização de inventários.

Não podemos esquecer que nem tudo é um "mar de rosas", pois a implementação de uma única central de torre de controle interagindo com uma IA possui grandes desafios em relação à qualidade dos dados, segurança cibernética e resistência organizacional à mudança.

Quando iniciamos o desenvolvimento de nossa torre de controle aqui na Zionlogtec, a primeira etapa foi definir a tecnologia que iríamos utilizar, pois havia pré-requisitos. As informações deveriam ser em tempo real, e essa consulta ao banco de produção não poderia impactar o desempenho do WMS com concorrência de requisições ao banco de dados, independentemente da volumetria de dados extraídos e sua frequência.

Após alguns meses de pesquisas e testes (P&D), definimos a tecnologia e a estrutura que utilizaríamos para atender à premissa técnica. Optamos por uma estrutura separada da solução principal, com possibilidade de integração com qualquer outra solução (não apenas com o nosso WMS), por meio de integração complementar de dados, para alimentar um DW (Data Warehouse) estruturado e otimizado.

Devido à nossa especialização no nicho 3PL - Operadores Logísticos (apesar de atendermos a todos os segmentos da cadeia), iniciamos com o cadastramento do perfil de usuário para consulta dos dados, limitando o acesso às informações conforme a estrutura (Cadastro) que ele possa acessar, perante a pré-configuração de sua função (Estabelecimento [Armazém], Depositante [Dono da mercadoria], Família de produto, Cliente etc.).

Enquanto o *time de back-end* trabalhava na demanda mencionada anteriormente, validando e garantindo a qualidade dos dados extraídos, o *time de Front-end* e de consultoria logística (implementação e *customer success*) trabalhava na visualização, nos indicadores de mercado e na demanda de nossa carteira de clientes.

Lançamos a ferramenta em 2022 para nossos clientes e estamos recebendo muitos *feedbacks* positivos, pois está viabilizando a análise e ação rápida no andamento das operações. Já em 2023, iniciamos os estudos e desenvolvimento (P&D) em relação à comunicação com a IA. A comunicação via API é simples; o desafio estava na modelagem de como enviar os dados para uma análise precisa. Essa etapa foi vencida, e agora disponibilizaremos em nossa torre de controle e em nossa solução WMS.

A possibilidade de interagir os dados com a IA permite levantar tópicos de anomalias e tendências, conforme mencionados anteriormente. Passando a informação do segmento e histórico de movimentação, pode-se gerar insights valiosos, como a previsão de demanda por espaço de armazenamento. Com base em dados históricos de recebimento e expedição de mercadorias, a IA pode prever a demanda futura por espaço de armazenamento em diferentes períodos do ano. Isso permite que o operador logístico planeje com antecedência a capacidade de armazenamento necessária e tome medidas para ajustá-la conforme necessidade.

Dentro da realidade tecnológica que vivemos hoje, em que o ritmo acelerado da inovação tecnológica segue uma crescente exponencial, acredito que, até 2030, com a evolução da computação quântica que oferecerá uma capacidade de processamento superior ao que temos na atualidade, teremos a possibilidade de análise instantânea de um histórico muito maior de movimentações e dados compartilhados entre as soluções do ecossistema e de dados da IoT.

Por fim, posso afirmar sem medo de errar que os dados tratados das diversas soluções especialistas, integradas a uma única plataforma de torre de controle, por sua vez, contando com os recursos da IA, transformarão as operações logísticas no futuro, proporcionando eficácia na Cadeia de Suprimentos 4.0.

9.3 ANDERSON OBERDAN

Mestre em Gestão de Organizações, Liderança e Decisão pela Universidade Federal do Paraná; especialista em Gestão de Processos pela FAE Business School; MBA em Sistemas de Informação pela Pontifícia Universidade Católica do Paraná; graduado em Tecnologia da Informação pela UniSantaCruz; com mais de duas décadas de experiência no setor de transporte público por ônibus.

Minha trajetória profissional tem sido marcada pela integração de tecnologias e sistemas de informações que visam aprimorar a eficiência e a qualidade dos serviços em que atuo. Atualmente, gerencio a área de Inteligência de Negócios da Associação de Empresas de Transporte Público da Região Metropolitana de Curitiba; também compartilho minha experiência e meus conhecimentos como professor universitário.

Apesar de não atuar diretamente na cadeia de suprimentos, o segmento de transporte público enfrenta desafios muito similares, pois deslocamentos, prazos, horários, dinâmica de trajetos, veículos, clientes e fornecedores são *stakeholders* comuns entre as atividades, os quais geram dados que possibilitam a gestão cada vez mais assertiva destes negócios.

A famosa citação de que "sem dados, você é apenas uma pessoa com uma opinião", atribuída ao professor e consultor norte-americano William Deming, ressalta de forma contundente a importância de coletar e analisar dados para compreender processos e identificar áreas de melhoria. Essa afirmação serve como ponto fundamental para ilustrar o valor inestimável dos dados na gestão de processos, inclusive na complexa cadeia de suprimentos.

Como o leitor pode imaginar, coletar e processar dados é um processo oneroso, desafiador e caro; por isso, em boa parte do tempo, simplesmente ignoramos os dados e deixamos se perderem. Entretanto, sem perceber, acabamos deixando escapar uma preciosa parcela do conhecimento relacionado a cada atividade. Russel Ackoff (1989), teórico organizacional americano, consultor e professor de pesquisa operacional, já há muito tempo afirmou que a informação, fruto dos dados, é um dos bens mais valiosos para os gestores e tomadores de decisões.

Nos serviços de transporte coletivo, atualmente é comum existirem Centros de Controle Operacional (CCO), que, quando trazidos para o segmento de suprimentos, podem ser comparados às TCCS 4.0. Esses centros concentram dados e informações de toda cadeia de processos, desde o planejamento à realização e ao controle dos serviços, sendo esse um dos focos de minhas atividades atuais.

Apesar de o transporte público ser um serviço gerido e planejado pelo poder público, em nosso caso, o governo do estado do Paraná, as empresas operadoras acompanham a dinâmica de planejamento e operação, por meio do monitoramento de oferta e demanda, coletando dados de utilização dos serviços com equipamentos que registram o número de passageiros, a dinâmica de acesso (gratuito ou pagantes), a localização onde um passageiro iniciou a utilização dos serviços, o tempo de deslocamento, dentre outros. Tudo isso é integrado aos dados de georreferenciamento dos veículos, que são coletados e transmitidos em tempo real para os CCOs. Essa dinâmica permite que decisões sejam tomadas não apenas com base na percepção empírica, mas, sim, com base em fatos e números que conseguem representar nas telas dos computadores e de uma central de vídeo o que está acontecendo nas ruas em tempo real.

Um conjunto de sensores e atuadores estabelece uma ligação entre os operadores em trajeto e a equipe de monitoramento e apoio que atua no CCO. Além da comunicação direta entre os envolvidos, algumas situações que diariamente são monitoradas são: comboios, ou seja, veículos trafegando muito próximos em uma mesma linha, o que prejudica a prestação dos serviços, gerando uma oferta excessiva de lugares em determinado momento, deixando um intervalo muito grande em seguida; desvios de itinerário não programados também podem ser acompanhados, uma vez que os sistemas monitoram se as rotas estão sendo realizadas em conformidade com as rotas previamente planejadas, dentre outras. Caso o centro de controle receba alertas de qualquer tipo de variação em função do planejamento, ações podem ser tomadas imediatamente para minimizar os impactos na cadeia de serviços.

Um dos meus papéis nesse cenário é acompanhar as demandas de informações para a tomada de decisões de planejamento e controle, uma vez que o sistema é responsável por gerar um volume muito grande de dados, que podem ser cruzados com dados de outros sistemas, formando, assim, um *big data*. Nesse cenário, torna-se inviável o tratamento e a análise por meio de relatórios e planilhas eletrônicas; então, atuo sintetizando esse volume de dados em representações gráficas que resumam milhares ou, às vezes, até milhões de dados, em um índice que expresse o comportamento tanto da oferta quanto da demanda dos serviços, e, para isso, fazemos uso de sistemas de BI.

Um sistema de BI nada mais é do que uma poderosa ferramenta que concentra de maneira ágil grandes volumes e variadas fontes de dados, apresentando em um espaço virtual singularizado – conhecidos como *dashboard* –, o maior número de informações importantes para a tomada de decisões.

Dentre os principais desafios na implementação dessas soluções tecnológicas – e que, em alguns casos, são os elementos estruturantes tanto de um CCO quanto de uma TCCS 4.0 –, está a capacitação de pessoas e a integração de tecnologias, tais como: sensores, sistemas de inventário, sistemas de produção e transporte, sistemas de parceiros e fornecedores, robôs e equipamentos autônomos, dentre outros.

Considerando que o objetivo é criar uma visão unificada e melhorar a colaboração e a visibilidade em toda a cadeia de serviços, a escolha de pessoal e parceiros com experiência em implementações, assim como a definição das tecnologias necessárias, com base nos objetivos de cada negócio, são cruciais para sucesso do projeto.

Ao integrar essas tecnologias de maneira sinérgica, os centros e as torres de controle permitem que as organizações alcancem um novo patamar de eficiência, agilidade e tomada de decisões orientadas por dados, preparando-as para enfrentarem os desafios complexos do mercado global, em constante evolução tecnológica.

9.4 LUIZ MARANGONI

Executivo sênior com mais de 24 anos de experiência na liderança de equipes de elevado desempenho. Mais de cinco anos em empresas adquiridas por *private equity* realizando *turnarounds*, combinando habilidades logísticas sólidas com uma mentalidade comercial focada em criar valor para a empresa e seus clientes, buscando oportunidades de negócios, maximizando, assim, resultados. Compreensão abrangente de todas as áreas de logística *supply chain*, operações e gestão de projetos. Exposição a diferentes culturas, atuando diretamente com empresas nacionais familiares, mexicanas, holandesas e americanas.

Em primeiro momento, deve-se entender que uma TCL é uma ferramenta valiosa para monitorar e gerenciar operações logísticas de forma mais eficiente. No entanto, é importante ter em mente que ela não é a solução definitiva para todos os problemas de monitoramento.

Em todas minhas experiências, sempre foi crucial avaliar se a organização está pronta para esse processo. Isso envolve considerar diversos fatores, dentre eles, a maturidade dos processos existentes, a qualidade dos dados disponíveis, a capacidade da equipe em lidar com novas tecnologias e metodologias e o alinhamento com os objetivos estratégicos da empresa.

Tive experiência de ser responsável pela implantação de uma torre de controle de transportes *inbound* em das maiores empresas de bebidas do Brasil. Deparamo-nos com um problema simples: a falta de comprometimento dos motoristas em executar as tarefas executadas *on board* do veículo, porém, que consumiu mais de sete meses de projeto. Por exemplo, em uma parada não programada, se não for sinalizado o motivo, fica nítida a falta de treinamento/comprometimento.

É fato que o capital humano é base para o sucesso de uma torre de controle eficaz, pois nada mais é que um centro de diagnóstico da operação. Não faz sentido ter uma torre de controle e não ter os protagonistas para correção de possíveis desvios mostrados por ela.

Com base nas informações fornecidas pela torre de controle, os gestores devem tomar decisões de forma rápida para otimizar a operação. Isso pode incluir ajustes nas rotas de transporte, realocação de recursos, priorização de pedidos, entre outros.

Outro exemplo se refere a uma empresa líder de produtos para a construção civil, onde tínhamos um indicador de ocupação de estoque atualizado de forma on-line, com reuniões semanais em nossa torre de controle. Porém, esse indicador sempre trabalhava entre 100% e 120%, em 70% do ano, causando grande risco de avarias/segurança para operação.

Mesmo com o indicativo de que alguma ação deveria ser feita, durante vários anos, trabalhamos com esse problema. A pergunta é: faz sentido então ter um KPI e não tomarmos nenhuma ação para melhoria?

Por fim, acredito que a terminologia de "torre de controle" tomou grande notoriedade a partir de nos anos 2000. Entretanto, de nada adianta montar uma célula sem antes estar fazendo o básico bem-feito. Para isso, basta apenas ter as pessoas corretas executando processos simples, focadas no cliente, sem esquecer o resultado.

9.5 SANDRO FABIANO DA LUZ

Mestre em Ciência, Gestão e Tecnologia de Informação pela Universidade Federal do Paraná (UFPR), especialista em Gestão de Tecnologia da Informação pela Universidade Positivo (UP), MBA em Finanças e Controlaria pela Universidade de São Paulo (USP) e graduado em Ciências Econômicas pela FAE Business School. Possui certificação de Project Management Professional (PMP). É professor universitário e possui mais de 20 anos em experiência na área financeira e de gerenciamento de projetos em diversas instituições.

Profissional com sólida experiência nas áreas administrativa, financeira e projetos, em empresas de médio e grande porte, dos segmentos de engenharia, soluções educacionais e biomedicina. Forte atuação em conciliações financeiras, controle de custos de projetos e elaborações de demonstrações econômicas e financeiras. Habilidade em gestão de equipes, privilegiando as interações e obtendo melhores resultados. Monitoramento de fluxo de caixa, análise de DRE e balanço patrimonial. Acompanhamento e controle de indicadores da área e elaboração de cálculos de previsibilidade. Classificação e conciliação de contas patrimoniais, bancárias, clientes e fornecedores. Gerenciamento de grandes projetos utilizando a metodologia SCRUM e PMBOK. Controle de custos e conciliação bancária, bem como gestão de contas a pagar e a receber. Vivência no mapeamento e monitoramento de riscos, visando a evitá-los, proporcionando, assim, melhorias em processos e resultados. Organização de reuniões de conselhos consultivos, com preparação de caderno de gestão e em ferramenta de gestão *Balanced ScoreCard* (BSC). Controle mensal das despesas variáveis e de pessoal em centros de custo, realização de rateios e reclassificações. Habilidade para realização de cursos, treinamentos e facilidade de relacionamento com toda estrutura hierárquica.

No decorrer de minha experiência, pude observar que a gestão de custos desempenha um papel fundamental na saúde e sustentabilidade de qualquer negócio, pois permite que as empresas identifiquem, analisem e controlem os gastos associados às operações, ajudando a otimizar os recursos disponíveis. Uma gestão eficaz de custos não apenas contribui para a maximização dos lucros, mas, também, promove a competitividade no mercado, uma vez que empresas que conseguem produzir bens e serviços de qualidade a preços mais baixos podem ganhar vantagem competitiva. Além disso, a gestão de custos é uma ferramenta valiosa para a tomada de decisões estratégicas, ajudando as organizações a direcionarem investimentos, identificarem oportunidades de economia e, em última instância, alcançarem o sucesso financeiro a longo prazo.

Neste contexto, a gestão de custos associada a área de logística é de extrema importância, pois pode garantir o sucesso de qualquer empresa que depende do transporte, da armazenagem e da distribuição de mercadorias. Uma gestão eficiente de custos ajuda a otimizar os recursos disponíveis, melhorar a lucratividade e manter a competitividade no mercado. A gestão de custo associado à logística deve basear-se em planejamento estratégico organizacional, análise de custos em si, otimização de rotas, gestão de estoque eficiente e colaboração com fornecedores e clientes, dentre diversas outras.

A gestão de custos em logística é um processo contínuo que exige atenção constante para otimizar os recursos e manter a competitividade no mercado. Ao implementar essas práticas e estratégias, as empresas podem reduzir os custos operacionais e melhorar a eficiência de sua cadeia de suprimentos.

Como auxílio à gestão de custo, é possível identificar também a torre de controle como ferramenta importante para uma organização. Contudo, para que a experiência com torre de controle seja considerada satisfatória, é importante aliar um eficiente processo de planejamento financeiro e entender o projeto de sua construção de forma otimizada.

O planejamento de orçamento é um processo fundamental para o sucesso financeiro de qualquer indivíduo, empresa ou organização. Envolve a definição de metas financeiras, a estimativa de receitas e despesas, a alocação de recursos de forma estratégica e o monitoramento constante do desempenho financeiro. Para as empresas do ramo de logística, o planejamento de orçamento é essencial para controlar custos, investir em crescimento e garantir a estabilidade financeira. É uma ferramenta que permite tomar decisões e adaptar-se a mudanças econômicas ou de mercado, garantindo a viabilidade organizacional.

Assim sendo, o controle de custos em um projeto para construção de uma operação baseada em torre de controle é de extrema importância para garantir a eficiência e o sucesso desse tipo de empreendimento complexo. Em projetos de torre de controle que envolvem a construção, automatização ou manutenção de infraestruturas logística, o gerenciamento de custos desempenha papel crucial.

Em linhas gerais, é importante observar diversos tópicos para que esse tipo de projeto obtenha sucesso, tais como: a) planejamento e estimativa de custo; b) controle durante a execução; c) gestão de risco; d) gestão de escopo; e) documentação e prestação de contas, ou seja, acompanhar a execução desse tipo de projeto pelo prisma financeiro.

A seguir, serão apresentadas definições e os pontos de observação dos tópicos citados anteriormente.

Planejamento e estimativa de custos: no início do projeto, é vital desenvolver estimativas de custos precisas que considerem todos os aspectos, desde a construção da infraestrutura até a instalação de sistemas de comunicação e controle de tráfego. Isso inclui custos de materiais, mão de obra, equipamentos e tecnologia.

Controle durante a execução: durante a fase de execução, é essencial monitorar continuamente os gastos do projeto para garantir que eles estejam alinhados com o orçamento aprovado. Qualquer desvio significativo deve ser investigado e corrigido imediatamente para evitar estouros de custos.

Gestão de riscos: projetos de torre de controle frequentemente enfrentam riscos significativos, como a necessidade de manter operações ininterruptas. O controle de custos ajuda a alocar recursos para mitigar esses riscos, garantindo que o projeto possa enfrentar desafios inesperados sem exceder o orçamento.

Mudanças no escopo: à medida que as necessidades e os requisitos do projeto de torre de controle evoluem, é essencial avaliar o impacto financeiro de qualquer mudança no escopo, visando a garantir que essas alterações sejam aprovadas de acordo com os procedimentos adequados.

Documentação e prestação de contas: manter registros detalhados de todas as despesas e fornecer relatórios regulares aos principais interessados é uma parte crítica do controle de custos.

Isto posto, é de extrema importância a observação do gerenciamento de comunicação para que todas as atividades sejam realizadas de forma correta e completa. Dessa forma, o controle de custos em projetos de torre de controle não apenas assegura que o projeto permaneça dentro do orçamento, mas, também, contribui para a segurança e a eficiência da organização, garantindo que as infraestruturas críticas estejam disponíveis e operacionais dentro das expectativas de custo.

REFERÊNCIAS

AGERON, B.; GUNASEKARAN, A.; SPALANZANI, A. Gestão de abastecimento sustentável: um estudo empírico. **Jornal Internacional de Economia de Produção**, [S. l.], v. 140, n. 1, p. 168-182, 2012. Disponível em: https://doi.org/10.1016/j.ijpe.2011.04.007. Acesso em: 17 jul. 2024.

AKBEN, İ.; ÖZEL, M. Supply chain visibility: control tower approach. **Gaziantep University Journal of Social Sciences**, [S. l.], v. 16, n. 3, p. 612-627, 2017. Disponível em: https://doi.org/10.21547/jss.306811. Acesso em: 17 jul. 2024.

ALI, A.; MAHFOUZ, A.; ARISHA, A. Analysing supply chain resilience: integrating the constructs in a concept mapping framework via a systematic literature review. **Supply Chain Management**, [S. l.], v. 22, n. 1, p. 16-39, 2017. Disponível em: https://doi.org/10.1108/SCM-06-2016-0197. Acesso em: 17 jul. 2024.

ALI, I.; NAGALINGAM, S.; GURD, B. Building resilience in SMEs of perishable product supply chains: enablers, barriers and risks. **Production Planning and Control**, [S. l.], v. 15, n. 28, p. 1236-1250, 2017.

AQUILES, E. W. P. Torres de controle da cadeia de suprimentos: uma visão geral e discussão. **Procedia CIRP**, v. 97, p. 411-416, 2021.

ASDECKER, B.; FELCH, V. Development of an Industry 4.0 maturity model for the delivery process in supply chains. **Journal of Modelling in Management**, [S. l.], v. 13, n. 4, p. 840-883, 2018. Disponível em: https://doi.org/10.1108/JM2-03-2018-0042. Acesso em: 17 jul. 2024.

BALLOU, R. H. **Gerenciamento da cadeia de suprimentos:** planejamento, organização e logística empresarial. 5. ed. Porto Alegre: Bookman, 2006.

BARBOSA-POVOA, A. P.; PINTO, J. M. Process supply chains: Perspectives from academia and industry. **Computers and Chemical Engineering**, [S. l.], v. 132, 2020. Disponível em: https://doi.org/10.1016/j.compchemeng.2019.106606. Acesso em: 17 jul. 2024.

BOWERSOX, D. J.; CLOSS, D. J.; COOPER, M. B. **Gestão logística da cadeia de abastecimento**. Vol. 2. Nova York: McGraw-Hill, 2002.

BYRNE, G.; DIMITROV, D.; MONOSTORI, L.; TETI, R.; VAN HOUTEN, F.; WERTHEIM, R. Biologicalisation: Biological transformation in manufacturing. CIRP Journal of Manufacturing **Science and Technology**, [S. l.], v. 21, p. 1-32, 2018. Disponível em: https://doi.org/https://doi.org/10.1016/j.cirpj.2018.03.003. Acesso em: 17 jul. 2024.

CARTER, C. R.; ROGERS, D. S. Uma estrutura de gerenciamento sustentável da cadeia de suprimentos: caminhando em direção a uma nova teoria. **Jornal internacional de distribuição física e gestão de logística**, [S. l.], v. 38, n. 5, p. 360-387, 2008.

CHOPRA, S.; MEINDL, P. **Gestão da cadeia de suprimentos**: estratégia, planejamento e operação. 5. ed. São Paulo: Prentice Hall, 2010.

CHOWDHURY, M. M. H.; QUADDUS, M. Supply chain readiness, response and recovery for resilience. **Supply Chain Management**, [S. l.], v. 21, n. 6, p. 709-731, 2016. Disponível em: https://doi.org/10.1108/SCM-12-2015-0463. Acesso em: 17 jul. 2024.

CHRISTOPHER, M. **Logística e gestão da cadeia de suprimentos**. 5. ed. São Paulo: Pearson, 2016.

DALLASEGA, P.; RAUCH, E.; LINDER, C. Industry 4.0 as an enabler of proximity for construction supply chains: a systematic literature review. **Computers in Industry**, [S. l.], v. 99, p. 205-225, 2018. Disponível em: https://doi.org/10.1016/j.compind.2018.03.039. Acesso em: 17 jul. 2024.

DELOITTE. **The Supply Chain Control Tower**. 2023. Disponível em: https://www2.deloitte.com/us/en/pages/operations/solutions/supply-chain-control-tower.html. Acesso em: 17 jul. 2024.

DOSSOU, P. E. Impact of Sustainability on the supply chain 4.0 performance. **Procedia Manufacturing**, v. 17, p. 452-459, 2018. Disponível em: https://doi.org/10.1016/j.promfg.2018.10.069. Acesso em: 17 jul. 2024.

DYBSKAYA, V. V.; SERGEEV, V. I. The concept of "supply chain control tower". Design Methodology and Practical Implementation. **Logistics and Supply Chain** Management, [S. l.], v. 2, p. 3-14, 2019.

FARERI, S.; FANTONI, G.; CHIARELLO, F.; COLI, E.; BINDA, A. Estimating Industry 4.0 impact on job profiles and skills using text mining. **Computers in Industry**, [S. l.], v. 118, p. 103222, 2020. Disponível em: https://doi.org/https://doi.org/10.1016/j.compind.2020.103222. Acesso em: 17 jul. 2024.

FEKPE, E. S.; ADMINISTRATION, P. Information technology deployment and supply chain performance. **Evidence from Emerging Economy**, [S. l.], v. 1, n. 1, p. 19-32, 2021.

FEKPE, E.; ADMINISTRAÇÃO, D. B. A. Construindo resiliência e gestão eficaz de riscos em cadeias de suprimentos. *In*: **Inovação da cadeia de suprimentos para gestão sustentável**. [S. l.]: IG Global, 2021. p. 211-232.

FREDERICO, G. F.; GARZA-REYES, J. A.; ANOSIKE, A.; KUMAR, V. Supply Chain 4.0: concepts, maturity and research agenda. **Supply Chain Management: An International Journal** (ahead-of-print), [S. l.], v. 25, n. 2, p. 262-282, 2019. Disponível em: https://doi.org/10.1108/scm-09-2018-0339. Acesso em: 17 jul. 2024.

GALATI, F.; BIGLIARDI, B. Industry 4.0: Emerging themes and future research avenues using a text mining approach. **Computers in Industry**, [S. l.], v. 109, p. 100-113, 2019. Disponível em: https://doi.org/10.1016/j.compind.2019.04.018. Acesso em: 17 jul. 2024.

GARRIDO-HIDALGO, C.; OLIVARES, T.; RAMIREZ, F. J.; RODA-SANCHEZ, L. An end-to-end Internet of Things solution for Reverse Supply Chain Management in Industry 4.0. **Computers in Industry**, [S. l.], v. 112, p. 103127, 2019. Disponível em: https://doi.org/10.1016/j.compind.2019.103127. Acesso em: 17 jul. 2024.

GARTNER. **To better navigate vendor offerings, you need a thorough UNDERSTANDING of a control tower and its capabilities**, 2022. Disponível em: https://www.gartner.com/en/articles/what-is-a-supply-chain-control-tower-and-what-s-needed-to-deploy-one. Acesso em: 17 jul. 2024.

GEILGENS, J. Wie können Lieferketten mithilfe intelligenter Datennutzung und Datenintegration fit für die Zukunft gemacht werden?. **Wirtsch Inform Manag**, [S. l.], v. 13, p. 14-19, 2021. Disponível em: https://doi.org/10.1365/s35764-020-00315-6. Acesso em: 17 jul. 2024.

GLOBAL SUPPLY CHAIN CONTROL TOWERS. Achieving end-to-end supply chain visibility. **Capgemini Consulting**, 2017. Disponível em: https://www.capgemini.com/wp-content/uploads/2017/07/Global_Supply_Chain_Control_Towers.pdf. Acesso em: 17 jul. 2024.

GRANDVIEW RESEARCH. **Control Tower Market Size, Share & Trends Analysis Report By Type (Analytical, Operational), By Application (Supple Chain, Transportation), By End-use (Chemicals, Healthcare), By Region, And Segment Forecasts, 2023-2030**. 2022. Disponível em: https://www.grandviewresearch.com/industry-analysis/control-towers-market. Acesso em: 17 jul. 2024.

GUNASEKARAN, A.; PATEL, C.; TIRTIROGLU, E. Medidas e métricas de desempenho em um ambiente de cadeia de suprimentos. **Jornal Internacional de Operações e Gerenciamento de Produção**, [S. l.], v. 21, n. 1-2, p. 71-87, 2001.

HANDFIELD, R.; FINKENSTADT, D. J.; SCHNELLER, E. S.; GODFREY, A. B.; GUINTO, P. A Commons for a Supply Chain in the Post-COVID-19 Era: The Case for a Reformed Strategic National Stockpile. **Milbank Quarterly**, [S. l.], v. 98, n. 4, p. 1058-1090, 2020a. Disponível em: https://doi.org/10.1111/1468-0009.12485. Acesso em: 17 jul. 2024.

HANDFIELD, R.; FINKENSTADT, D.; SCHNELLER, E.; GODFREY, A.; GUINTO, A. **COVID-19:** uma avaliação de resposta da cadeia de suprimentos. [S. l.]: [s. n.], 2020b.

HANFIELD, R. B.; NICHOLS, E. L. **Redesenho da cadeia de suprimentos**: transformando cadeias de suprimentos em sistemas de valor integrados. [S. l.]: FT Press, 2002.

IVANOV, D. Prevendo os impactos de surtos epidêmicos nas cadeias de suprimentos globais: uma análise baseada em simulação no caso do surto de coronavírus (COVID-19/SARS-CoV-2). Pesquisa de Transporte Parte E. **Revisão de Logística e Transporte**, [S. l.], v. 136, p. 101922, 2020.

KARKULA, M. Monitorowanie I Kontrola Łańcucha Dostaw: Koncepcja Supply Chain Control Tower I Jej Zastosowanie W. Prace Naukowe Politechniki Warszawskiej. **Transport**, [S. l.], v. 120, p. 265-277, 2018.

KOPLIN, J.; SEURING, S.; MESTERHARM, M. Incorporando a sustentabilidade na gestão de suprimentos na indústria automotiva – o caso da Volkswagen AG. **Journal of Cleaner Production**, [S. l.], v. 15, p. 1053-1062, 2007.

KUMAR, A.; LUTHRA, S.; MANGLA, S. K.; KAZANÇOĞLU, Y.; KUMAR, M. Uma estrutura para superar os desafios da cadeia de suprimentos sustentável por meio de medidas de solução da indústria 4.0 e da economia circular: um caso automotivo. **Journal of Cleaner Production**, [S. l.], v. 277, p. 123182, 2020.

KUMAR, P.; SOROKA, A.; KHATRI, K.; CORNET, P.C. **Supply chain control tower**. 2023. Disponível em: https://www.Kumaretal.com/us-en/insights/consulting/supply-chain-control-tower#accordion-b0c9d2731d-item--7cd392b5de. Acesso em: 17 jul. 2024.

LAMBERT, D. M.; COOPER, M. C. Problemas na gestão da cadeia de suprimentos. **Gestão de marketing industrial**, [S. l.], v. 29, n. 1, p. 65-83, 2000.

LIOTINE, M. Shaping the Next Generation Pharmaceutical Supply Chain Control Tower with Autonomous Intelligence. **Journal of Autonomous Intelligence**, [S. l.], v. 2, n. 1, p. 56, 2019. Disponível em: https://doi.org/10.32629/jai.v2i1.34. Acesso em: 17 jul. 2024.

LÜCKER, F.; SEIFERT, R. W. Building up Resilience in a Pharmaceutical Supply Chain through Inventory, Dual Sourcing and Agility Capacity. **Omega**, United Kingdom, v. 73, p. 114-124, 2017. Disponível em: https://doi.org/10.1016/j.omega.2017.01.001. Acesso em: 17 jul. 2024.

MANAVALAN, E.; JAYAKRISHNA, K. A review of Internet of Things (IoT) embedded sustainable supply chain for industry 4.0 requirements. **Computers and Industrial Engineering**, [S. l.], v. 127, p. 925-953, 2019. Disponível em: https://doi.org/10.1016/j.cie.2018.11.030. Acesso em: 17 jul. 2024.

MENTZER, J. T.; DEWITT, W.; KEEBLER, J. S.; MIN, S.; NIX, N. W.; SMITH, C. D.; ZACHARIA, Z. G. Definindo o gerenciamento da cadeia de suprimentos. **Jornal de Logística Empresarial**, v. 22, n. 2, p. 1-25, 2001.

MUKHERJEE, A. The critical process of supply chain control tower integration orchestration. **Supplychain**, 2023. Disponível em: https://www.scmr.com/article/the_process_of_supply_chain_control_tower_integration_orchestration. Acesso em: 17 jul. 2024.

ORTEC, R. How optimization boosts transportation control tower: a transportation logistics special report. **Ortec**, 2019. Disponível em: https://us.ortec.com/assets/2019-05/ORTEC%20White%20paper%20%20Control%20Tower%20EN.pdf. Acesso em: 10 jul. 2024.

PAN, X.; DRESNER, M.; XIE, Y. Logistics IS resources, organizational factors, and operational performance: An investigation into domestic logistics firms in China. International **Journal of Logistics Management**, [S. l.], v. 30, n. 2, p. 569-594, 2019. Disponível em: https://doi.org/10.1108/IJLM-02-2018-0023. Acesso em: 17 jul. 2024.

PATSAVELLAS, J.; KAUR, R.; SALONITIS, K. Supply chain control towers: Technology push or market pull—An assessment tool. **IET Collaborative Intelligent Manufacturing**, [S. l.], v. 3, p. 290-302, 2021. Disponível em: https://doi.org/10.1049/cim2.12040. Acesso em: 17 jul. 2024.

PAUL, S. K.; CHOWDHURY, P. Um plano de recuperação da produção nas cadeias de suprimentos de manufatura para um item de alta demanda durante o COVID-19. **Jornal Internacional de Distribuição Física e Gestão de Logística**, [S. l.], v. 51, n. 2, p. 104-125, 2020.

PRESA, C. Torre de controle casos de empresas que escolheram ver as operações para otimizá-las. **Revista mundo logística**, Maringá, ed. 93, 2023.

QUEIROZ, M. M.; IVANOV, D.; DOLGUI, A.; WAMBA, S. F. Impactos de surtos epidêmicos nas cadeias de suprimentos: mapeando uma agenda de pesquisa em meio à pandemia de COVID-19 por meio de uma revisão de literatura estruturada. *In:* **Annals of Operations Research**, [S. l.], p. 1-38, 2020.

RADANLIEV, P.; DE ROURE, D. C.; NURSE, J. R. C.; DE ROURE, D. C.; RAFAEL, MONTALVO, M.; KHAN, A. A. Global supply cahin control towers. **Supply Chain Management**, [S. l.], v. 5, n. 4, p. 1086-109, 2018. Disponível em: http://dx.doi.org/10.1016/j.sbspro.2013.12.875%0Ahttp://dx.doi.org/10.1016/j.proeng.2016.08.058%0Ahttps://www.researchgate.net/publication/331871208. Acesso em: 17 jul. 2024.

RAINWATER, D. M. The supply chain control tower maturity model. **Supply Chain Visibility**, 6 fev. 2023. Disponível em: https://www.supplychainbrain.com/articles/36583-the-supply-chain-control-tower-maturity-model. Acesso em: 17 jul. 2024.

RALSTON, P.; BLACKHURST, J. Industry 4.0 and resilience in the supply chain: a driver of capability enhancement or capability loss? **International Journal of Production Research**, [S. l.], v. 0, n. 0, p. 1-14, 2020. Disponível em: https://doi.org/10.1080/00207543.2020.1736724. Acesso em: 17 jul. 2024.

REMKO, van H. Research opportunities for a more resilient post-COVID-19 supply chain – closing the gap between research findings and industry practice. **International Journal of Operations and Production Management**, [S. l.], v. 40, n. 4, p. 341-355, 2020. Disponível em: https://doi.org/10.1108/IJOPM-03-2020-0165. Acesso em: 17 jul. 2024.

ROQUE JÚNIOR, L. C.; COSTA, M. L. N.; FREDERICO, G. F. Supply chain management maturity and complexity: findings from a case study at a health biotechnology company in Brazil. **International Journal of Logistics Systems and Management**, [S. l.], v. 33, n. 1, 2019. Disponível em: https://doi.org/10.1504/IJLSM.2019.099658. Acesso em: 17 jul. 2024.

ROQUE JÚNIOR, L. C.; SILVA, R. M.; GAUER, G. F.; REIS, G. G.; FREDERICO, G. F. The impact of Covid-19 on international supply chains looking through the SCOR model. Proceedings of the International CON-FERENCE ON INDUSTRIAL ENGINEERING AND OPERATIONS MANAGEMENT, 2021, São Paulo. **Anais** [...]. São Paulo, 2021.

ROQUE JÚNIOR, L. C.; FREDERICO, G. F.; COSTA, M. L. N. Maturity and resilience in supply chains: a systematic review of the literature. **International Journal of Industrial Engineering and Operations Management**, [S. l.], v. 5, p. 1-25, 2023. Disponível em: https://doi.org/10.1108/ijieom-08-2022-0035. Acesso em: 10 jul. 2024.

RUSHTON, A.; CROUCHER, P.; BAKER, P. **O manual de gerenciamento de logística e distribuição**: entendendo a cadeia de suprimentos. [S. l.]: Kogan Page Publishers, 2014.

SAMPSON, R. O impacto da visibilidade da cadeia de suprimentos no desempenho da cadeia de suprimentos. **Journal of International Technology and Information Management**, [S. l.], v. 22, n. 2, p. 45, 2013.

SEURING, S. A. Avaliando o rigor da pesquisa de estudo de caso na gestão da cadeia de suprimentos. **Supply Chain Management**, [S. l.], v. 13, n. 2, 2008. Disponível em: https://doi.org/10.1108/13598540810860967. Acesso em: 17 jul. 2024.

SHAMROUKH, S. **Supply chain control tower**: visibility and performance assessment. 2021. 115p. [e-book Kindle].

SHARABATI, A. A. A.; AL-ATRASH, S. A.; DALBAH, I. Y. The use of supply chain control tower in pharmaceutical industry to create a competitive advantage. **International Journal of Pharmaceutical and Healthcare Marketing**, [S. l.], v. 16, n. 3, p. 354-375, 2022. Disponível em: https://doi-org.ez22.periodicos.capes.gov.br/10.1108/IJPHM-08-2020-0064. Acesso em: 17 jul. 2024.

SHASHI, C. P.; CERCHIONE, R.; ERTZ, M. Managing supply chain resilience to pursue business and environmental strategies. **Business Strategy and the Environment**, [S. l.], v. 29, n. 3, p. 1215-1246, 2020. Disponível em: https://doi.org/10.1002/bse.2428. Acesso em: 17 jul. 2024.

SHOU-WEN, J.; YING, T.; YANG-HUA, G. Study on supply chain information control tower system. **Information Technology Journal**, [S. l.], v. 12, p. 8488-8493, 2013. Disponível em: https://scialert.net/abstract/?doi=itj.2013.8488.8493. Acesso em: 17 jul. 2024.

SRIVASTAVA, S. K. Gestão verde da cadeia de suprimentos: uma revisão da literatura do estado da arte. **Jornal Internacional de Análises de Gestão**, [S. l.], v. 9, n. 1, p. 53-80, 2007.

STATISTA. **Biggest supply chain challenges worldwide 2017-2018**. 2022. Disponível em: https://www.statista.com/statistics/829634/biggest-challenges-supply-chain/#:~:text=Biggest%20supply%20chain%20challenges%20worldwide%202017%2D2018&text=A%202018%20survey%20found%20that,was%20lowest%20with%201.3%20percent. Acesso em: 17 jul. 2024.

TAPSCOTT, D.; TAPSCOTT, A. **Revolução Blockchain**: como a tecnologia por trás do bitcoin está mudando o dinheiro, os negócios e o mundo. [S. l.]: Penguin, 2016.

TIWARI, P.; SHRINGI, D. Approach towards advanced SCM system through AI and Industry 4.0. **International Research Journal of Modernization in Engineering Technology and Science**, [S. l.], v. 391, n. 3, p. 2582-5208, 2021.

TRZUSKAWSKA-GRZESIŃSKA, A. Control towers in supply chain management– past and future. **Journal of Economics and Management**, [S. l.], v. 27, n. 1, p. 114-133, 2017. Disponível em: https://doi.org/10.22367/jem.2017.27.07. Acesso em: 17 jul. 2024.

TSERTOU, A.; AMDITIS, A.; LATSA, E.; KANELLOPOULOS, I.; KOTRAS, M. Dynamic and Synchromodal Container Consolidation: The Cloud Computing Enabler. **Transportation Research Procedia**, [S. l.], v. 14, p. 2805-2813, 2016. Disponível em: https://doi.org/10.1016/j.trpro.2016.05.345. Acesso em: 17 jul. 2024.

VERIFIED MARKET REPORTS. **Supply Chain Control Tower Market**. Disponível em: Disponível em: https://www.verifiedmarketreports.com/pt/product/supply-chain-control-tower-market/. Acesso em: 28 set. 2024

VLACHOS, I. Implementation of an intelligent supply chain control tower: a socio-technical systems case study. **Production Planning & Control.**, [*S. l.*], 2021.

YONG, W.; KUNDAKCHIAN, A. Critical care equipment management reimagined in an emergency. **Blockchain in Healthcare Today**, [*S. l.*], v. 1, p. 1-12, 2020. Disponível em: https://doi.org/10.30953/bhty.v3.146. Acesso em: 17 jul. 2024.

WYCIŚLAK, S. Explorando a implantação da plataforma de transporte com visibilidade em tempo real. **Logforum**, [*S. l.*], v. 18, n. 1, 2022. Disponível em: https://doi.org/10.17270/J.LOG.2022.660. Acesso em: 17 jul. 2024.

ZHONG, R. Y.; XU, X.; KLOTZ, E.; NEWMAN, S. T. Manufatura inteligente no contexto da indústria 4.0: uma revisão. **Engenharia**, [*S. l.*], v. 3, n. 5, p. 616-630, 2017.

ZURRON, D.; LIMA JÚNIOR, O. F. Supply Chain Control Tower (SCCT): o que é e como pode melhorar as operações. **Revista Mundo Logística**, Maringá, ed. 80, p. 46-54, 2021.